AF151735

Bernhard Neteler

Die Gliederung des Buches der zwölf Propheten

als Grundlage der Erklärung desselben

Bernhard Neteler

Die Gliederung des Buches der zwölf Propheten
als Grundlage der Erklärung desselben

ISBN/EAN: 9783744619424

Hergestellt in Europa, USA, Kanada, Australien, Japan

Cover: Foto ©ninafisch / pixelio.de

Weitere Bücher finden Sie auf **www.hansebooks.com**

Die Gliederung

des

Buches der zwölf Propheten

als

Grundlage der Erklärung desselben.

Von

B. Neteler.

Münster.

Verlag von Wilhelm Niemann.

1871.

Vorwort.

An die mit dieser fünften Lieferung zum vorläufigen Abschluß gebrachten Gliederungen der prophetischen Bücher des alten Testamentes wird hoffentlich kein Leser die Anforderung stellen, daß sie das Material eines vollständigen Commentars bieten sollen, da sie sich durch ihren Titel deutlich genug nicht als Commentare sondern als Studien ankündigen, welche den innern Zusammenhang der prophetischen Bücher aufschließen wollen, um ihn für das Verständniß der tiefen Ideen derselben zu verwerthen. Daß die biblischen Bücher unter oft unscheinbarer Hülle einen außerordentlich tiefen Inhalt bergen, war die einstimmige Ueberzeugung sowohl des jüdischen als des christlichen Alterthums, aber die Wege, auf denen man zu demselben vordringen wollte, waren nicht immer die richtigen, und der Hauptfehler bestand wohl darin, daß man das Ganze zu wenig in's Auge faßte und nicht genügend beachtete, ob die Auffassung oder Auslegung des einen Theiles auch zu der aller übrigen paßte. Durch wechselseitige Vergleichungen gelangt man auf dem Wege fortschreitender Correcturen allmählig zu einer annähernd richtigen Auffassung der Bedeutung, welche ein Theil durch seine Stellung für das Ganze einnimmt, und wenn dadurch auch noch nicht die Deutung eines verschlossenen Räthsels festgestellt ist, so ist doch wenigstens eine Menge unrichtiger Lösungen abgeschnitten, und das Gebiet, wo die Radien der einzelnen Elemente con=

vergiren, so weit umgrenzt, daß bort die das Ganze tragende
Centralidee aufgefunden werden kann. Auf dem Standpunkte
einer solchen Idee ist der Zusammenhang der einzelnen Theile
leicht und sicher zu überschauen, und dieser aufgeschlossene
Zusammenhang enthält als tiefen Sinn des Inhalts der pro=
phetischen Bücher eine fortschreitende Entwicklung der Idee
des messianischen Reiches bis zum Ende der Welt, und da
dieses Reich aus dem Stamme des jüdischen Volkes erwach=
sen sollte, so gehört auch die religiöse und politische Ent=
wicklung dieses Volkes als Verwirklichung des messianischen
Reiches zum Inhalte der prophetischen Bücher. Die Ver=
wirklichung und Entfaltung des messianischen Reiches erfolgt
nach einem wunderbollen Plane der Vorsehung, der die
centrale Stellung der Offenbarung in der Entwicklung der
Menschheit so deutlich zeigt, daß dadurch eine viele Räth=
sel der Weltgeschichte lösende Philosophie der Geschichte
möglich wird.

Die jüdische und die christliche Lehre, daß der h. Geist
der Haupturheber der prophetischen Schriften ist, findet eine
überraschende Bestätigung durch die feingegliederte Plan=
mäßigkeit, welche diese Schriften ungeachtet der großen Ver=
schiedenheit ihrer Verfasser beherrscht, und durch die Sicher=
heit des Blickes, der den Ereignissen auf den Grund sieht
und in ihnen die Keime und Vorbilder der fernsten Zukunft
entdeckt. Die Entwicklung des Reiches Gottes ist eine orga=
nische oder wüchsige, und deßhalb finden sich in den frühern
Stadien der Entwicklung schon Spuren der Ideen, die in
spätern Stadien zur Entfaltung kommen und die Gestaltung
beherrschen. Indem nun die Propheten mit unvergleichlichem
Tiefblicke aus den Ereignissen und Verhältnissen ihrer Zeiten
die Spuren der messianischen Ideen herausfanden und sie
mit ihren wechselseitigen Beziehungen durch eine feste Glie=

berung zu einem Abbilde der Entfaltung der messianischen
Ideen gestalteten, erwuchs aus der jüdischen Geschichte der
Kunstbau der prophetischen Bücher. Da die Tiefe der gött=
lichen Weisheit unergründlich ist, so ist der Verfasser der
vorliegenden fünf „Gliederungen der prophetischen Bücher"
weit von der Annahme entfernt, daß er in seinen Studien
den Plan der göttlichen Bücher vollständig aufgedeckt und
zur Deutung der Einzelheiten immer richtig verwerthet habe.
Daß die vorhandene Literatur gewissenhaft benutzt ist, braucht
wohl kaum bemerkt zu werden, und da sie durch diese Stu=
dien weder auf die Seite geschoben werden kann noch soll,
so wurden manche Sachen, die anderswo sehr gut entwickelt
sind, hier nicht zum zweiten Male vorgetragen. Daß die
Studien einen gewissen Fortschritt in der Ermittelung der
Gliederung und ihrer Bedeutung bieten, möchte der Verfas=
ser daraus entnehmen, daß einige Beurtheiler in denselben
etwas vollständig Neues zu finden glauben, obgleich sie da=
bei die in der patristischen, mittelalterlichen und neuern Exe=
gese vorhandenen Anfänge vielleicht unterschätzen. Vielleicht
ist die Bemerkung nicht überflüssig, daß in den „Gliederungen"
der buchstäbliche Wortsinn nie zu Gunsten eines tiefern Sin=
nes getrübt oder umgedeutet ist, sondern in seinem vollen con=
creten Gehalte nach Maßgabe der durch den Sprachgebrauch
beglaubigten hebräischen Wortbedeutungen festgehalten wird.
Bei den Commentaren schleppt sich aus dem einen in den
andern eine Menge von Ausnahmen bei sonst allgemeingel=
tenden grammatischen Regeln fort; der Verfasser der „Glie=
derungen" hat den hebräischen Text so lange studirt, bis er
zur Lösung von Schwierigkeiten die Annahme von Ausnahmen
nicht mehr nöthig zu haben glaubte, und er ist bei den pro=
phetischen Büchern zu der Ansicht gekommen, daß deren

Sprache viel regelrechter und consequenter ist, als es in den Grammatiken dargestellt wird.

Da die strenge Gliederung und der eschatologische In= halt der prophetischen Bücher am meisten befremden wird, so mag noch die Bemerkung gestattet sein, daß der Pentateuch und die Apokalypse mit ihnen in beiden Punkten überein= stimmen; vgl. S t u d i e n ü b e r d i e E c h t h e i t d e s P e n = t a t e u c h s, zweiter Theil, Münster, Regensberg, 1871 und G l i e d e r u n g d e r A p o k a l y p s e, Münster, Theissing, 1871.

Der Verfasser dieser „Gliederungen" wird auf die fünf prophetischen Bücher eine Bearbeitung der Reihe der fünf poetisch = didaktischen Bücher aus dem davidisch = salomonischen Zeitalter folgen lassen.

Einleitung.

Die Verbindung der zwölf kleinen prophetischen Bücher zu einem Buche hängt mit der von Esdras und Nehemias vorgenommenen Sammlung alttestamentlicher Schriften zusammen, welche die jüdische Ueberlieferung der großen Synagoge zuschreibt. Letztere war ein aus 120 Personen bestehender aus den hervorragendsten Persönlichkeiten der Nation sich ergänzender Senat, der die höchste kirchliche und staatliche Verwaltung, Gesetzgebung und Rechtspflege ausübte und von der Zeit seiner festen Organisation durch Nehemias um 453 bis zu den Verfolgungen des Antiochus Epiphanes ununterbrochen fortbestand. Das letzte der 12 kleinen prophetischen Bücher bildet in der Gesammtgliederung der prophetischen Bücher den Schlußpunkt und gehört wegen seines Inhaltes in die Zeit des Nehemias. Der Verfasser desselben, Malachias, wird von der Ueberlieferung zu den Männern der großen Synagoge gezählt, und seine prophetische Auctorität war, wie sich aus den Angaben Flav. Josephus ergibt, der Schlußpunkt der Beglaubigung der alttestamentlichen Bücher für die pharisäische Richtung des Judenthums. Josephus zählt 5 Bücher Moyses, 13 prophetische Bücher, und 4 Bücher, welche Loblieder auf Gott und Sittenregeln enthalten. Die letztern können nur die Psalmen und die drei salomonischen Schriften sein. Die 13 prophetischen Bücher waren nach Movers loci quidam h. c. folgende: 1. Josua, 2. Richter und Ruth, 3. Samuel, 4. Könige, 5. Chronik, 6. Esdras, 7. Nehemias, 8. Isaias, 9. Jeremias, 10. Ezechiel, 11. Daniel, 12. Zwölfprophetenbuch, 13. Job.

Von diesem Kanon, den man den des Synedrium nennen kann, weicht der spätere des Thalmud in verschiedenen Punkten ab. In diesem letztern ist die Kanonicität des Buches Esther anerkannt, die in dem erstern in Uebereinstimmung mit den alten Bekämpfungen derselben fehlt;

vgl. Fürſt, Kanon d. a. T. S. 110. Im Thalmudiſchen Kanon iſt ferner das Buch Ruth vom Buche der Richter getrennt, das nach Ori= gines, Epiphanius und Hieronymus bei der Zählung von 22 Büchern mit demſelben verbunden war. Nach Origines, Cyrillus und Epiphanius wurden Jeremias, Klagelieder, Baruch und Brief des Jer. als Ein Buch gerechnet, der Thalmudiſche Kanon hat die Klagelieder abgetrennt und Baruch und den Brief ausgeſchieden; und er hat endlich Daniel, Job, Chronik, Esdras und Nehemias von den prophetiſchen Büchern getrennt und unter die Hagyographen geſtellt, und Esdras und Nehemias zu einem Buche verbunden.

Daß der Kanon des Synedriums eben ſo wenig wie der Thalmu= diſche der urſprüngliche war, ſondern in mehreren Punkten von dem der großen Synagoge abwich, ergibt ſich aus folgenden Umſtänden. 1. Die Theorie, welche dem Kanon des Synedriums zu Grunde lag, drang auf Ausſcheidung des Buches Eſther; da es mit derſelben aber ſchließlich doch nicht durchdrang, ſo muß das Buch Eſther ſchon damals ſeit langer Zeit zu der Sammlung gehört haben und ein Beſtandtheil des Kanons der großen Synagoge geweſen ſein. 2. Zur Zeit des Synedriums beſtand ein kritiſches Streben, das auszuſcheiden, worin man ſich nicht zurechtzu= finden wußte; ſo ſollten Ezechiel und die ſalomoniſchen Bücher ausgeſchie= den werden, und nur in Folge der Löſung der Schwierigkeiten durch Cha= nanja unterblieb es; vgl. Fürſt d. Kan. b. a. T. S. 94 ff. 3. Der während der griechiſchen Periode der großen Synagoge angefertigten grie= chiſchen Ueberſetzung mußte der damalige Kanon der großen Synagoge zu Grunde liegen. Dieſer Kanon beruht auf der in den ſpätern prophe= tiſchen Büchern vorherrſchenden Viertheilung, und er ſtimmt zu der Glie= derung des geſammten altteſtamentlichen Inhaltes beſſer als jede ſpätere Aenderung deſſelben. Den erſten Theil, die objektive Grundlage des Ganzen bildet der Pentateuch. An dieſen ſchließt ſich die prophetiſche Geſchichtſchreibung, welche die hiſtoriſche Entwicklung des auserwählten Volkes auf dieſer Grundlage nachweiſet. Der dritte Theil, die Pſalmen, Job, die drei ſalomoniſchen Schriften, Sirach und Buch der Weisheit umfaſſend, ſteht in Parallele mit dem Pentateuch und enthält eine ſub= jektive Grundlage der religiöſen Entwicklung des Volkes; der vierte Theil, die 5 prophetiſchen Bücher der Weiſſagungen, entwickelt die Ideen des kommenden meſſianiſchen Reiches, ſchließt ſich in der Form an die poe= tiſche Darſtellung des dritten Theiles an und ſteht in Parallele mit dem prophetisch = historischen Theile. Daß das Buch Job nach der Zeit seiner jetzigen Gestaltung und nach Form und Inhalt zu den davidisch = salomo= nischen Schriften des zweiten Theiles gehört, wird jetzt ziemlich allgemein anerkannt. Die Bücher Sirach und Weisheit kamen bei dem Verkehre mit den Griechen einem wahren Bedürfnisse entgegen und passen vollstän= dig als Fortentwicklung zu dem dritten Theile, konnten aber bei der Hoch= schätzung, welche die Juden für ihre heiligen Bücher hegten ohne Aner= kennung von Seiten der großen Synagoge keine Gleichstellung mit diesen erlangen. Daß es in den Zeiten nach Malachias für eine etwa nöthige prophetische Beglaubigung an Propheten gefehlt habe, wird schon allein durch die Angaben des Flav. Josephus über die Essener widerlegt. Die Bücher Tobias und Judith müssen frühzeitig verfaßt sein, weil sie mit unrichtigen später allgemein angenommenen historischen Ansichten in Wider= spruch stehen, und sie sind wahrscheinlich wegen dieses Widerspruches ebenso ausgeschieden, wie es bei Ezechiel und den salomonischen Schriften ver= sucht wurde. Die beiden letzten Bücher des a. T. sind die beiden Ge= schichtsbücher über den großen religiös = nationalen Kampf des gläubigen Judenthums gegen das griechische Heidenthum unter den Seleuciden. Nach der Ueberlieferung, vgl. Fürst Kanon d. a. T. S. 111. haben die Alten der Hillel'schen und Schamai'schen Schule eine Schriftrolle über das hasmonäische Haus für das Volk geschrieben. Unter diesen Alten sind wahrscheinlich Mitglieder des hasmonäischen Collegiums, welches das Mittelglied zwischen der großen Synagoge und dem Synedrium ist, zu verstehen, und die genannte Schriftrolle ist wahrscheinlich das erste Buch der Machabäer. Ihr officieller Charakter hätte somit derselben in der LXX einen Platz verschafft, und in den Kreisen der Essener und Thera= peuten, die außer den allgemein anerkannten Büchern noch ihre besondern heiligen Bücher hatten, sind wahrscheinlich die andern Bücher der Macha= bäer hinzugekommen. Solche Erweiterungen der LXX wurden erst dann möglich, als zwischen dieser und der hebräischen Sammlung sich schon Verschiedenheiten gebildet hatten. Es würden sich demnach folgende ver= schiedene Kanons ergeben: 1. Kanon der großen Synagoge, als Grund= lage der LXX, a. anfänglicher zur Zeit des Nehemias und Mala= chias; b. späterer, nach der Einverleibung der Bücher Esther, To= bias, Judith, Sirach, Weisheit. 2. Erweiterte LXX im Kreise der Hellenisten, Essener und Therapeuten durch die Aufnahme der Bücher der Machabäer. 3. Kanon des Synedrium. 4. Kanon des Thalmud.

Wenn man nun bei dem Kanon der großen Synagoge von einem Ab=
schlusse desselben durch Esdras, Nehemias und Malachias spricht, so ist
das bloß eine Verwechselung desselben mit dem Kanon des Synedriums,
welch' letzterem dabei noch dazu als ganz selbstverständlich der des Thal=
mud substituirt wird.

Für die Ermittelung des Kanons der großen Synagoge ist die LXX
eine Hauptquelle, weil die Hellenisten keine zu Abänderungen berechtigte
Autorität hatten, wogegen das Synedrium als höchster Wächter über die
hebräische Sammlung sich für berechtigt zur Ausführung von Abänderun=
gen halten konnte, so lange die Unabänderlichkeit und der Schluß des
Kanons noch kein von ihm anerkannter Grundsatz war. Bei Verschieden=
heiten zwischen der LXX und der hebräischen Sammlung in der Zahl
und Anordnung der Bücher steht somit die Voraussetzung der Ursprüng=
lichkeit auf Seite der LXX, wo nicht wie bei den Büchern der Macha=
bäer das Gegentheil bewiesen werden kann.

Ueber den ersten Theil, den Pentateuch, besteht zwischen der LXX
und der hebräischen Sammlung keine Verschiedenheit; auch Flav. Josephus
stellt ihn auf den ersten Platz. Die Propheten faßt Flav. Josephus zu=
sammen, auch der Kanon des Thalmud läßt sie auf einander folgen, aber
er schiebt mehrere unter die Hagiographen; die spätere Eintheilung der=
selben in vordere und hintere ist jedoch noch ein Rest der in der LXX
vorhandenen Scheidung durch die dritte Abtheilung. Da die Bücher To=
bias und Judith in der zweiten Abtheilung hinter dem Buche Esther
stehen, obwohl ihr Inhalt aus einer frühern Zeit ist, so sind sie später
als das Buch Esther in die Sammlung aufgenommen, und auch dieses
ist höchst wahrscheinlich der Sammlung nicht gleich im Anfange einver=
leibt. Da nun ferner die Bücher der Chronik, Esdras und Nehemias
ein zusammenhangendes Ganze bilden, so ergibt sich für den Kanon der
großen Synagoge in der Zeit von Esdras, Nehemias und Malachias die
symmetrische Anordnung, daß jeder der vier Theile fünf Bücher umfaßte,
und daß jedes letzte dieser Bücher eine zusammenfassende und fortent=
wickelnde Wiederholung war. Die später hinzugekommenen deutero=kano=
nischen Bücher, zu denen auch das Buch Esther zu rechnen ist, zeigen
dann den wunderbaren Schutz der Vorsehung, die über dem auserwählten
Volke waltete, als dieses das Joch der Weltmächte tragen mußte.

Der Kanon des n. T. stimmt in seiner Anlage mit dem des Esdras
sehr überein, dem Pentateuche entsprechen die vier Evangelien, den histori=

schen Büchern d. a. T. die Apostelgeschichte, den davidisch=salomonischen Schriften die Briefe der Apostel und den prophetischen Büchern die Apo= kalypse. Daß für den christlichen Kanon d. a. T. die Entscheidung des Messias und die Lehre der Apostel maßgebend ist, ist wohl nicht schwer einzusehen, und daß der Träger dieser Lehre nur die Kirche, nicht aber das Judenthum sein konnte, bedarf bei einiger Kenntniß der Geschichte wohl kaum eines Beweises.

Aus der angegebenen Symmetrie des Kanons des Esdras ergibt sich für das Buch der zwölf Propheten die letzte Stelle unter den prophe= tischen Büchern als die richtige. Die Reihenfolge der 12 Bücher ist in der LXX eine andere, als die in der Sammlung des masorethischen Textes. Abgesehen davon, daß die erstere nach dem Gesagten wahrschein= lich die ursprüngliche ist, enthält sie eine vortreffliche Gliederung, welche bei der Reihenfolge des masorethischen Textes fehlt. In der LXX bilden die 12 Bücher drei Gruppen. Zu der ersten gehören die Bücher Osee, Amos und Michäas; sie sind unter den ältesten die umfangreichsten, haben in ihren Ueberschriften genaue Zeitangaben und sind dreitheilig gegliedert. Die zweite Gruppe umfaßt die Bücher Joel, Abdias, Jonas, Nahum und Habakuk. Sie sind die kleinsten, haben keine Zeitangaben und sind zweitheilig gegliedert. Die dritte Gruppe umfaßt die Bücher Sophonias, Aggäus, Zacharias und Malachias. Sie haben Zeitangaben mit Aus= nahme des letzten, dessen Abfassungszeit mit der Zeit der Sammlung zu= sammenfällt, und sie sind viertheilig gegliedert. Innerhalb jeder Gruppe ist die Aufeinanderfolge nach der Zeitfolge geordnet, und das folgende Buch bietet eine Fortentwicklung des ersten Buches seiner Gruppe. Jedes einzelne Buch enthält einen consequent einheitlichen Plan und bietet somit nicht den Wortlaut der mündlichen Reden, die der Prophet zu verschie= denen Zeiten an das Volk richtete, sondern eine einheitliche Zusammen= stellung derjenigen Ideen seiner Reden, die der h. Geist zu einem Bau= steine beim Aufbau des Tempels der h. Schrift verwenden wollte.

I. Erste Gruppe.

Osee, Amos, Michäas.

Die dreitheilige Gliederung der Bücher dieser Gruppe stimmt mit der Entwicklung von drei Hauptmomenten in der Geschichte des Volkes Gottes. Diese drei Momente sind der Untergang des alten Israel, die Rettung eines Restes und die endliche Wiederherstellung. Im ersten Theile des Buches Osee werden diese drei Punkte kurz zusammengefaßt, im zweiten Theile tritt der zweite dieser Punkte in den Vordergrund und im dritten der dritte. Amos stellt den Untergang des alten Israel als ein Glied in dem Untergange des hebräisch-syrischen Staatensystems dar und bezeichnet im zweiten Theile die Zeit, wo ein Rest gerettet wird, als einen Tag des Herrn, voll von Dunkel und Finsterniß, und der dritte Theil seines Buches enthält Blicke in die letzten Zeiten. Michäas verkündet im ersten Theile seines Buches eine Gefangenschaft, im zweiten das messianische Heil und im dritten eine Wiederherstellung des entarteten messianischen Reiches nach einem gewaltigen Strafgerichte. Diese erste Gruppe steht in naher Beziehung zum Buche Isaias.

1. Osee.

Vom letzten Jahre Jeroboams II. 749 bis zum ersten des Ezechias 707 ist ein Zeitraum von 42 Jahren, in welchen die prophetische Thätigkeit des Osee nach der Ueberschrift seines Buches fällt; wie lange er aber unter Jeroboam und unter Ezechias gewirkt hat, läßt sich nicht bestimmen. Ueber das Verhältniß seiner mündlichen Vorträge zu der vorhandenen prophetischen Schrift sind keine bestimmten Angaben vorhanden; letztere ist ein einheitliches Werk, dessen Gliederung dreitheilig ist. Der erste Theil, K. 1—2. bildet die Grundlage. Diese ist eine dreifache Verwerfung Israels, mit der eine wunderbare Vermehrung Israels im Gegensatze steht, auf welche eine schließliche Wiederbegnadigung des abgefallenen

Israel folgen soll. Im zweiten Theile wird die lange dauernde Verstoßung Israels in K. 3. sinnbildlich dargestellt, in K. 4. wird der Grund der Verstoßung aufgedeckt, und K. 5—7 zeigen, daß das Unheil durch eine unaufrichtige Bekehrung nicht abgewendet werde. Der dritte Theil schildert in K. 8—9. den Einbruch des Verderbens für den hartnäckigen Abfall, bietet in K. 10—11. noch einmal Gnade an für den Fall der Bekehrung und deutet auf die Rettung eines Restes hin, die ungeachtet der Beharrung der andern im Abfalle erfolgen solle, und in K. 12—13. wird die Verstoßung Israels bis zur einstigen Bekehrung verkündet.

a. Erster Theil.
K. 1—2.

1. Dreimalige Verwerfung.

K. 1.

Die dem Propheten befohlne Ehe ist eine symbolische Darstellung seiner prophetischen Sendung zu dem abgefallenen Israel; das durch sein Verhalten zu den angebotenen Gnaden drei Verwerfungen verursachen wird. Die erste besteht in der Vernichtung des israelitischen Königthums, die zweite ist die Zertrümmerung des Volksbestandes, und die dritte ist die Trennung des am Sinai geschlossenen Bundes.

[1] Wort Jehovas, das an Osee, den Sohn Beeris, erging in den Tagen Ozias, Joathans, Achaz, Ezechias, der Könige von Juda, und in den Tagen Jeroboams, des Sohnes des Joas, des Königs von Israel.

Diese Ueberschrift bezieht sich auf das ganze Buch; die zweite in der ersten Hälfte des folgenden Verses dagegen auf die mit einander in enger Verbindung stehenden drei Glieder des ersten Theiles.

[2] Anfang der Rede Jehovas durch Osee. Und Jehova sprach zu Osee: Gehe hin und nimm dir ein Hurenweib und Hurenkinder, denn das Land ist im Abfalle von Jehova. [3] Und er ging und nahm Gomer, die Tochter Debelaims, und sie ward schwanger und gebar ihm einen Sohn. [4] Und Jehova sprach zu ihm: Nenne seinen Namen Jezrahel, denn noch ein Wenig, so räche ich die Blutschuld Jezrahels am Hause Jehus und mache dem Königthume des Hauses

Israel ein Ende. ⁵ Und es geschieht an diesem Tage, daß ich den
Bogen Israels im Thale Jezrahels zerbreche.

Die Blutschuld Jezrahels ist die Ermordung des Ochozias, des Königs
von Juda, durch Jehu, in deren Folge die große Gefährdung des Davidischen Königshauses durch Athalia eintrat. Der Bestand des Hauses
Davids wurde wegen seines messianischen Berufes gerettet, das abtrünnige
Königthum Israels soll dagegen vernichtet werden.

⁶ Und sie ward abermals schwanger und gebar eine Tochter. Und
er sprach zu ihm: Nenne ihren Namen Unbegnadigte, denn nicht
mehr werde ich mich erbarmen des Hauses Israel, denn ich entziehe
es ihnen. ⁷ Aber des Hauses Juda erbarme ich mich und rette sie
durch Jehova ihren Gott; nicht aber rette ich sie durch Bogen und
Schwert und Krieg, durch Rosse und Reiter.

Im Gegensatze zu Israel, das in die Zerstreuung unter die Heiden
gegeben wird, soll Juda gerettet werden; und daß Jehova eine Rettung
durch Jehova verheißt, deutet auf die messianische Errettung hin, in welcher die vorhergehenden zeitlichen Errettungen als Mittel zum Zwecke ein-
geschlossen waren.

⁸ Und sie entwöhnte die Unbegnadigte und ward schwanger und
gebar einen Sohn. ⁹ Und er sprach: Nenne seinen Namen Nicht
mein Volk, denn ihr seid nicht mein Volk, und ich bin nicht
der Eure.

Das seiner nationalen Existenz beraubte Volk, soll noch dazu die Bundesgemeinschaft verlieren.

2. Gegensatz der neuen Bundesgemeinde und der verstoßenen Synagoge.

K. 2, 1—17.

Nach dem Zusammenhange mit dem Vorhergehenden wird Israel seine
Bundesgemeinschaft bei dem Eintritte einer großen Bundesgemeinde verlieren, die aus einer Verbindung von Söhnen Juda's und Israels unter
einem Oberhaupte und aus vielen Brüdern und Schwestern, d. h. Proselyten entsteht. Dort wo die Synagoge die neue Bundesgemeinde nicht
anerkennen will, sollen die Proselyten das Volk Gottes werden, und auf
sie sollen die Segnungen Josephs übertragen werden. Die Synagoge hat
die neue Gemeinde geboren, ist also ihre Mutter, aber durch die Verwer-

fung des Messias hat sie sich den Bann zugezogen. Sie soll von der neuen Bundesgemeinde zurechtgewiesen werden, und Gott will sie einer Züchtigung unterwerfen, bei der sie weder ihrem frühern Hange zur Abgötterei nachgehen kann, noch zur Gemeinschaft mit der neuen Bundesgemeinde gelangt.

¹Und die Zahl der Söhne Israels wird wie der Sand des Meeres, der nicht gemessen noch gezählt wird. ²Und es geschieht an dem Orte, wo man zu ihnen sagt: „Ihr seid nicht mein Volk", daß man sie Söhne des lebendigen Gottes nennt. ³Und Söhne Juda's und Söhne Israel sammeln sich zusammen und setzen sich ein Haupt, und sie ziehen herauf aus dem Lande, denn groß ist der Tag Jezrahels. Wie der Angriff Israels auf Juda nach 1, 4. gestraft wird, so wird es einen großen Rachetag geben, an dem die Synagoge für ihre Verfolgung der neuen Bundesgemeinde strenge bestraft wird, und das Reich Gottes wird sich zu den Heiden wenden.

³Saget zu euren Brüdern: mein Volk und zu euren Schwestern: Begnadigte. ⁴Rechtet mit eurer Mutter, rechtet, denn sie ist nicht mein Weib, und ich bin nicht ihr Mann. Und sie möge ihre Hurerei von ihrem Antlitze entfernen und ihren Ehebruch von ihrer Brust, ⁵damit ich nicht sie nackt ausziehe und sie hinstelle, wie am Tage ihrer Geburt und sie hinsetze gleich einer Wüste und sie gleich einem dürren Lande mache und sie sterben lasse vor Durst. ⁶Und ihrer Kinder erbarme ich mich nicht, denn sie sind Hurenkinder; ⁷denn ihre Mutter fiel ab, ihre Gebärerin trieb Schande, weil sie sprach: Ich will meinen Liebhabern nachgehen, den Spendern meines Brodes und meines Wassers, meiner Wolle und meines Flachses, meines Oeles und meines Getränkes. ⁸Darum siehe, ich verzäune deinen Weg mit Dornen und ummaure ihre Mauer, und ihre Pfade findet sie nicht. ⁹Und sie trachtet nach ihren Liebhabern und erreicht sie nicht; und sie sucht sie, findet sie aber nicht, und spricht: ich will gehen und zu meinem ersten Manne zurückkehren, denn besser war es mir damals, als jetzt. ¹⁰Und sie erkannte nicht, daß ich ihr das Getreide und den Most und das Oel gab und Silber ihr mehrte und Gold, das man zum Baal machte. ¹¹Darum werde ich wieder mein Getreide zu seiner Zeit nehmen und meinen Most zu seiner Zeit, und meine Wolle und meinen Flachs zur Bedeckung ihrer Blöße entreiße ich. ¹²Und jetzt will ich ihre Schande

vor den Augen ihrer Liebhaber aufdecken, und Niemand soll sie aus meiner Hand erretten. ¹³ Und ich mache ein Ende aller ihrer Freude, ihrem Feste, ihrem Neumonde und ihrem Sabbathe und aller ihrer Feier. ¹⁴ Und ich verwüste ihren Weinstock und ihren Feigenbaum, von denen sie sagte: „sie sind ein Geschenk für mich, das meine Liebhaber mir gaben", und ich mache sie zum Walde, und das Gethier des Feldes soll sie fressen. ¹⁵ Und ich strafe an ihr die Tage der Baale, denen sie räucherte; und sie schmückte sich mit ihrem Ringe und ihrem Geschmeide und ging ihren Liebhabern nach, aber mich vergaß sie, spricht Jehova. ¹⁶ Darum siehe, ich will sie bereden und in die Wüste führen, und ich rede ihr an's Herz. ¹⁷ Und ich will ihr darauf ihre Weinberge geben und das Thal Achor zum Thore der Hoffnung, und sie wendet sich dorthin, wie in den Tagen ihrer Jugend, und wie am Tage, da sie vom Lande Aegypten heraufzog.

Bei der Besitznahme des Landes war das Volk durch den Frevel Achans des göttlichen Schutzes beraubt; im Thale Achor wurde der Frevel aufgedeckt und gesühnt. Bei der Besitznahme des messianischen Reiches wurde dem jüdischen Volke der Eintritt durch einen Frevel versperrt, dieser soll erkannt und gesühnt werden, so daß dem jüdischen Volke der Eintritt in die Kirche geöffnet wird.

3. Erneuerung des Bundes.
V. 18—25.

¹⁸ Und es geschieht an diesem Tage, spricht Jehova, daß du sagst: mein Gemahl, und nicht mehr zu mir sprichst: mein Baal. ¹⁹ Und ich entferne die Baale aus ihrem Munde, und sie werden mit ihrem Namen nicht mehr erwähnt. ²⁰ Und ich schließe an diesem Tage mit dem Gethier des Feldes und mit dem Gevögel des Himmels und dem Gewürme der Erde einen Bund für sie, und Bogen und Schwert und Krieg zerbreche ich aus dem Lande weg und lasse sie wohnen in Sicherheit. ²¹ Und ich verlobe dich mir in Ewigkeit, und ich verlobe dich mir in Gerechtigkeit und in Recht und in Gnade und in Erbarmen. ²² Und ich verlobe dich mir in Treue, und du erkennest Jehova. ²³ Und es geschieht an diesem Tage, daß ich erhöre, spricht Jehova; ich erhöre den Himmel, und dieser erhört die Erde, ²⁴ und die Erde erhört das Getreide und den Most und

das Oel, und diese erhören Jezrael. ²⁵ Und ich säe dieselbe mir im Lande und begnadige die Unbegnadigte und spreche zu dem Nicht= meinvolk: Mein Volk bist du, und dieses spricht: Mein Gott. Der mit Jehus Frevel, der im Thale Jezrahel gegen das Davidische Haus begangen wurde, in Parallele stehende Angriff der Synagoge auf die neue christliche Gemeinde wird gesühnt, und nach der Begnadigung leben die dem alten Israel gegebenen Verheißungen wieder auf.

b. Zweiter Theil.
K. 3—7.

Der Prophet erhält den Auftrag mit dem abtrünnigen Volke noch ein= mal in Verkehr zu treten, und ihm eine lange und strenge Haft anzu= kündigen, die durch eine gründliche Bekehrung beendet werden solle. In K. 4. deckt der Prophet die gräuliche Verkommenheit Israels auf, die das furchtbare Gericht unvermeidlich macht, und in K. 5—7 wird gezeigt, daß dieses Gericht durch eine unaufrichtige Bekehrung weder abgewendet noch beendet wird.

1. Die lange Haft.
K. 3.

¹ Und Jehova sprach zu mir: Gehe noch einmal, liebe ein Weib, das geliebt vom Genossen doch die Ehe bricht, wie Jehova die Söhne Israels liebt, diese aber sich zu fremden Göttern wenden und Trau= benkuchen lieben. ² Und ich erwarb sie mir für fünfzehn Silberlinge und fünfzehn Epha Gerste.

Dieser Preis einer Sklavin bezeichnet, daß Gott das Volk Israel im Stande der Knechtschaft der Haft unterwerfen wollte. Die in V. 1. erwähnten Traubenkuchen hangen wohl mit abgöttischen Opfermahlen zusammen.

³ Und ich sprach zu ihr: Viele Tage sollst du mir sitzen, nicht huren noch einem andern Manne gehören, und auch ich bin wider dich; ⁴ denn viele Tage werden die Söhne Israels sitzen ohne König und ohne Fürsten und ohne Opfer und ohne Bildsäule und ohne Ephod und ohne Teraphim.

Die Teraphim waren eine Art von Hausgötzen, Ephod war das hohe= priesterliche Kleid mit Urim und Thummim, das zur Erfragung des gött=

lichen Willens gebraucht wurde. Den Israeliten wird angekündigt, daß sie lange Zeit ohne den gesetzlichen und ohne abgöttischen Kultus sein werden.

⁵ Nachher kehren die Söhne Israels um und suchen Jehova ihren Gott und David ihren König, und mit Zittern nahen sie Jehova und seinem Heile am Ende der Tage.

Durch David wird der dem Davidischen Hause verheißene Messias bezeichnet.

2. Israels Verderbtheit.

K. 4.

¹ Höret das Wort Jehovas, ihr Söhne Israels, denn Jehova hat einen Streit mit den Bewohnern des Landes, denn es ist keine Wahrheit und keine Barmherzigkeit und keine Gotteserkenntniß im Lande. ² Schwören und Lügen und Morden und Stehlen und Ehebrechen sind eingerissen, und Blut reichte an Blut. ³ Darum trauert das Land, und es verschmachtet jeder Bewohner in demselben mit den Thieren des Feldes und den Vögeln des Himmels, und selbst die Fische des Meeres vergehen. ⁴ Daß nur keiner rüge, und keiner züchtige! und es ist dein Volk wie mit dem Priester Hadernde.

Die Hadernden sind solche, welche die gesetzlichen amtlichen Aussprüche des Priesterthums verwarfen.

⁵ Und du strauchelst bei Tage, und es strauchelt mit dir auch ein Prophet bei Nacht, und ich vertilge deine Mutter (das Volk). ⁶ Vernichtet ist mein Volk vor Mangel der Erkenntniß, denn du verschmähtest die Erkenntniß, und ich verstieß dich, mir Priesterdienst zu verrichten, und du vergaßest die Thorah deines Gottes, aber auch ich vergesse deine Söhne. ⁷ Wie sie zunahmen, so sündigten sie gegen mich; ihre Herrlichkeit verwandle ich in Schmach. ⁸ Meines Volkes Sünde essen sie, und nach ihrer Schuld erregen sie sein Verlangen. ⁹ Und es wird wie das Volk so der Priester, und ich suche heim an ihm seine Wege und vergelte ihm seine Werke. ¹⁰ Und man ißt, und wird nicht satt, huret, und vermehrt sich nicht, denn sie unterließen auf Jehova zu achten. ¹¹ Hurerei und Wein und Most nimmt den Verstand. ¹² Mein Volk befragt sein Holz und läßt sich seinen Stock wahrsagen, denn der Geist des Abfalles verführte sie, und sie fielen von ihrem Gotte ab. ¹³ Auf den Gipfeln der Berge opfern sie, und

auf den Hügeln räuchern sie unter Eiche und Pappel und Terebinthe, denn ihr Schatten ist gut; darum huren eure Töchter und ehebrechen eure Schwiegertöchter. ¹¹ Nicht suche ich heim an euren Töchtern, daß sie huren, und an euren Schwiegertöchtern, daß sie ehebrechen, denn sie selbst sondern sich ab mit Huren und opfern mit Götzen= dirnen, und das Volk geht sinnlos zu Grunde. ¹⁵ Wenn du Israel abgefallen bist, so möge Juda sich nicht verschulden, und kommet nicht nach Gilgal, und ziehet nicht hin nach Beth=Aven, und schwöret nicht beim Leben Jehovas. ¹⁶ Denn gleich einer störrigen Färse wurde Israel widerspenstig; jetzt wird Jehova sie weiden gleich einem Lamme in der Weide. ¹⁷ Götzenhörig ist Ephraim, laß ihn. ¹⁸ Ihr Gelage vergeht, läßt huren die Hure, ihre Schilde liebten Schmach. ¹⁹ Ein Sturm hat sie an ihren Kleideszipfeln gefaßt, und sie werden wegen ihrer Opfer zu Schanden.

Das feminin. Suffix in V. 18 und אֹותָה in V. 19 erfordern ein vorhergehendes feminin. Hauptwort, deßhalb kann die masorethische Punk= tation von הֵזְנוּ הָזְנֵה nicht richtig sein, das erstere Wort ist als Femi= ninum und das zweite als Imperativ aufzufassen.

3. Unabwendbarkeit des Gerichtes.
K. 5—7.

¹ Höret dieses, ihr Priester, und vernimm, Haus Israel, und merke auf, Haus des Königs, denn für euch ist das Gericht, da ihr eine Schlinge zu Mizpa und ein ausgespanntes Netz auf Thabor waret; ² und um zu verderben vertieften sie Abwege, aber ich bin für sie alle eine Züchtigung.

Mizpa war eine hochgelegene Stadt im Ostjordanlande, diese und Tha= bor werden als Orte offenbarer Ungerechtigkeiten genannt, mit denen die in V. 2. erwähnten Schliche im Gegensatze stehen. Die Gewaltthätig= keiten sind gleichsam in der Höhe und die Schliche in der Tiefe. Für שֵׂטִים ist durch Ps. 101, 3. die Bedeutung von Verkehrtheit und durch שָׂטָה die des Abbiegens gesichert. שַׂהֲטָה ist Infinit. const. mit He locale; es bedeutet nicht bloß morden, sondern auch fälschen. Auf diese Schliche bezieht sich V. 3.

³ Ich kenne Ephraim, und Israel ist vor mir nicht verborgen, denn jetzt hast du Ephraim gehurt und Israel sich befleckt. ⁴ Ihre Werke gestatten nicht zu ihrem Gott zurückzukehren, denn ein Geist

des Abfalls ist in ihrer Mitte, und Jehova erkannten sie nicht. ⁵Und Ephraims Stolz zeugt wider sein Antlitz, und Israel und Ephraim straucheln in ihrer Schuld, auch Juda strauchelte mit ihnen. ⁶Mit ihren Schafen und mit ihren Rindern werden sie kommen Jehova zu suchen, finden aber nicht; er entwand sich von ihnen. ⁶Sie waren untreu an Jehova, denn sie gebaren fremde Kinder, jetzt wird ein Monat sie mit ihren Antheilen verzehren. ⁷Stoßet in die Posaune zu Gabaa, in die Trompete zu Rama, rufet: Beth=Aven (Bethel) ist dein Ende, o Benjamin! ⁹Ephraim wird zur Wüste am Tage der Strafe; Zuverlässiges habe ich unter den Stäm=men Israels verkündet. ¹⁰Juda's Fürsten wurden gleich Grenzver=rückern, über sie schütte ich meinen Grimm wie Wasser aus. ¹¹Be=drückt ist Ephraim, gebrochen nach Recht, denn es hat gewollt, ist einer Bestimmung nachgegangen, ¹²und ich bin gleich einer Motte für Ephraim, wie Auflösung für das Haus Juda. ¹³Und Ephraim sah seine Krankheit, und Juda sein Geschwür; und Ephraim ging zu Assur und sandte zu König Jabeb, aber dieser kann euch nicht heilen, und von euch die Wunde nicht entfernen. ¹⁴Denn ich bin wie der Löwe für Ephraim und gleich dem Junglen dem Hause Juda. Ich, ich zerreiße und gehe; ich nehme weg, und Niemand rettet. ¹⁵Ich gehe und kehre zu meinem Orte zurück, bis sie büßen und mein Antlitz suchen; in ihrer Noth werden sie mich suchen. ⁶ʾ¹Auf! laßt uns umkehren zu Jehova, denn er hat zerrissen und wird uns heilen; er schlägt und wird uns verbinden. ²Er belebt uns nach zwei Tagen, richtet uns auf am dritten, und wir leben vor ihm. ³Und wir wollen erkennen, streben Jehova zu erkennen; wie Mor=genroth ist sein Aufgang bestimmt, und er kommt gleich dem Regen zu uns, wie erdetränkender Spätregen.

⁴Was soll ich dir thun, Ephraim? was soll ich dir thun? Juda! Aber eure Frömmigkeit ist wie eine Morgenwolke, und wie der früh vergehende Thau. ⁵Darum habe ich durch die Propheten geschlagen und durch die Worte meines Mundes sie getödtet, und aus deinen Strafgerichten geht Licht hervor. ⁶Denn Frömmigkeit gefiel mir aber nicht Schlachtopfer, und Gotteserkenntniß mehr, als Brandopfer. ⁷Aber sie haben wie Adam einen Bund übertreten, darin treulos an mir gehandelt. ⁸Galaad ist eine Stadt von Uebelthätern, einge=schlossen von Blut. ⁹Und gleich menschentödtenden Rotten mordet

die Bande der Priester auf dem Wege nach Sichem, denn sie begingen Schandthat. [10]Am Hause Israel sah ich Schauderhaftes, Hurerei dort an Ephraim, und Israel befleckt. [11]Auch dir, Juda! hat man eine Ernte bereitet, wenn ich die Gefangenschaft meines Volkes wende.

Durch die bloße Bekehrung von der Abgötterei kommt Israel aus der assyrischen Gefangenschaft nicht heraus, sondern erst durch die Anerkennung des Messias. Wenn diese Bekehrung in der Zeit der Vollendung eintritt, wird Juda an derselben Antheil haben.

[7,1]Bei meiner Heilung Israels wird sowohl die Schuld Ephraims aufgedeckt als die Bosheiten Samarias, denn sie übten Lüge, und es kommt ein Dieb, und draußen raubte eine Rotte. [2]Und sie reden nicht nach ihrer Herzensmeinung. Aller ihrer Bosheit habe ich gedacht; jetzt haben ihre Werke sie umgeben, sie waren vor meinem Antlitze. [3]Mit ihrer Bosheit erfreuen sie einen König, und Fürsten mit ihren Lügen. [4]Alle sie Abtrünnigen sind wie ein Ofen des Brandes vom Bäcker; es ruhet der Heizer vom Kneten des Teiges bis zu seiner Säuerung. [5]Den Tag unsers Königs schwächten Fürsten die Hitze vom Weine; er streckte aus seine Hand mit den Spöttern, [6]denn sie naheten, ihr Herz in ihrer Hinterlist. Die ganze Nacht schlief ihr Bäcker, am Morgen brennet er wie Flammenfeuer. [7]Sie alle glühen wie der Ofen und verzehren ihre Richter. Alle ihre Könige sind gefallen, keiner unter ihnen ruft zu mir. [8]Ephraim vermischt sich unter die Völker, Ephraim war ein Kuchen ohne Umwendung. [9]Fremde verzehrten seine Kraft, aber dieses erkannte es nicht; Grauheit verbreitete sich auf ihm, aber dieses erkannte es nicht. [10]Und es zeugt der Stolz Israels wider sein Antlitz, und nicht kehrten sie zu Jehova ihrem Gotte zurück, und bei all diesem suchten sie ihn nicht. [11]Und Ephraim ward wie eine einfältige Taube ohne Verstand; sie riefen Aegypten, gingen nach Assur. [12]Sowie sie gehen, breite ich mein Netz über sie, und ziehe sie wie Vögel des Himmels herab; ich will sie züchtigen gemäß der Verkündigung an ihre Versammlung. [13]Wehe ihnen! denn sie entfernten sich von mir; Verwüstung für sie! denn sie sind von mir abgefallen. Und ich will sie erlösen, aber sie redeten Lügen über mich. [14]Und nicht schrieen sie zu mir mit ihrem Herzen; denn sie heulen auf ihren Lagern, drängen sich nach Getreide und Most, bei mir entweichen sie. [15]Und

ich unterwies, stärkte ihre Arme, aber sie sinnen Böses wider mich. ¹⁶ Sie wenden sich nicht nach oben. Sie sind wie ein schlaffer Bogen geworden; ihre Fürsten fallen durch das Schwert wegen der Aufwallung ihrer Zunge; dies ist der Spott über sie im Lande Aegypten.

Als Hinderniß der Rettung für sie hebt der Prophet ihre Empörungen und Aufstände hervor, durch welche ein König nach dem andern fiel. Nur durch Anerkennung des wahren Königs aus dem Hause Davids gibt es Rettung für sie.

c. Dritter Theil.
K. 8—14.

Im ersten Stücke dieses Theiles, K. 8—9. kündigt der Prophet dem Reiche Israel für seinen Abfall eine Verbannung an, die mit Verwerfung verbunden ist; im zweiten Stücke, K. 10—11. wird der Androhung des Unterganges eine zweifache Gnadenfrist entgegengestellt; und im dritten Stücke, K. 12—14. wird eine schließliche Bekehrung des Volkes nach vorhergegangenen Leiden verheißen.

1. Verbannung und Verwerfung.
K. 8—9.

Das in V. 1. erwähnte Haus Jehovas ist das zur Bundesgemeinde gehörende Israel, das aber den Bund gebrochen und die mosaische Thorah übertreten hat.

¹ An den Mund die Trompete wie der Adler wider das Haus Jehovas! denn sie übertraten meinen Bund, frevelten wider meine Thorah. ² Sie schreien zu mir: Mein Gott, wir Israel erkennen dich! — ³ Israel hat Gutes verworfen, ein Feind soll es verfolgen. ⁴ Sie machten Könige, aber ohne mich; sie fürsteten, aber ohne daß ich wußte; ihr Silber und ihr Gold machten sie sich zu Gebilden, so daß es vernichtet wird. ⁵ Man verwarf dein Kalb, Samaria! entbrannt ist mein Zorn über sie. Bis wie lange sind sie der Reinheit nicht empfänglich? ⁶ Denn einer aus Israel und dazu ein Arbeiter hat es gemacht, und es ist nicht Gott, denn zu Trümmern wird Samariens Kalb. ⁷ Denn sie säen Wind und ernten Sturm; man hat nicht Halme, kein Sproß bringt Mehl, und brächte er, so

verzehrten es Fremde. ⁸Verzehrt ist Israel, jetzt sind sie unter den Völkern geworden wie ein Gefäß, an dem kein Wohlgefallen. ⁹Denn sie gingen nach Assur, ihm ist Ephraim ein verlassener Waldesel; sie spendeten Liebschaft. ¹⁰Auch wenn sie spenden unter den Völkern, sammle ich sie (die Völker) jetzt. Und sie wurden minder wegen der Last des Königs der Fürsten, ¹¹denn Ephraim vermehrte die Altäre zum Sündigen, es hatte Altäre zum Sündigen. ¹²Ich schreibe ihm die Menge meiner Thorah, wie fremdes wurden sie geachtet. ¹³Als meine Brandopfer schlachten sie Fleisch, und sie aßen, aber Jehova hat kein Gefallen an ihnen; jetzt gedenkt er ihrer Schuld und sucht heim ihre Sünde. Sie kehren nach Aeghpten zurück. Und Israel vergaß seines Schöpfers und baute Tempel, und Juda vermehrte feste Städte, aber ich sende Feuer in ihre Städte, und es verzehrt deren Paläste.

⁹·¹Freue dich nicht Israel zum Frohlocken wie die Völker, denn du bist abgefallen von deinem Gotte, du liebtest Buhllohn auf allen Korntennen. ²Zu Tenne und Kelter wird er sie nicht leiten und in dieser wird trügen der Most. ³Nicht sollen sie wohnen im Lande Jehovas, und Ephraim kehrt nach Aeghpten zurück und ißt Unreines in Assur. ⁴Nicht spenden sie Wein für Jehova, und ihre Schlacht= opfer gefallen ihm nicht. Wie Trauerbrod sind sie ihnen; alle, die es essen, werden unrein; denn ihr Brod für sie, nicht soll es kommen ins Haus Jehovas. ⁵Was wollet ihr thun am Tage der Feier? am Tage des Festes Jehovas? ⁶Denn siehe, sie verzogen vor Zer= störung; Aeghpten sammelt sie, Memphis begräbt sie als Begehr wegen ihres Silbers. Die Distel beerbt sie, in ihren Zelten ist Dorn. ⁷Es kamen die Tage der Heimsuchung, es kamen die Tage der Vergeltung, Israel erfährt, daß thöricht der Prophet und bethört der Geistesmann wegen der Menge deiner Schuld und groß eine Befeindung ist. ⁸Ephraim ist mit meinem Gotte auf der Hut, ein Prophet ist Schlinge eines Vogelstellers auf allen seinen Wegen, Befeindung im Hause seines Gottes. ⁹Versunken, verdorben han= delten sie wie in den Tagen Gabaas; er wird ihrer Schuld gedenken, ihre Sünde heimsuchen.

¹⁰Wie Trauben in der Wüste fand ich Israel, wie eine Frühfrucht am Feigenbaume in seinem Beginne sah ich eure Väter; sie gingen zu Baal=Peor und weihten sich der Schande und wurden Gräuel,

wie ihre Buhlschaft. Ephraim ließ sich wie einen Vogel seine Ehre entfliegen von Gebären und Schwangerschaft und Empfängniß. ¹² Denn wenn sie aufziehen ihre Söhne, so lasse ich sie verwaisen an Menschen. Denn auch Wehe ihnen, wenn ich von ihnen ablasse. ¹³ Wie auf Ephraim, gepflanzt in der Au, um zu versammeln ich schaute, so auf Ephraim, um seine Söhne zum Würger zu führen. ¹⁴ Gib ihnen, Jehova, was Du gibst, gib ihnen kinderlosen Leib und vertrocknete Brüste. ¹⁵ All' ihre Bosheit ist in Galgala, denn dort haßte ich sie, wegen der Bosheit ihrer Werke vertreibe ich sie aus meinem Hause, nicht will ich sie ferner lieben; alle ihre Fürsten sind Abtrünnige. ¹⁶ Geschlagen ist Ephraim, ihre Wurzel verdorret, sie bringen keine Frucht; wenn sie auch zeugen, tödte ich die Lieblinge ihres Leibes. ¹⁷ Mein Gott verwirft sie, denn sie hörten nicht auf ihn, und sie werden Flüchtlinge unter den Völkern.

In den letzten Versen wird die Aufhebung des alten Bundes angedeutet. Der Prophet verkündet für Israel einen Zustand gleich dem, in welchem das Volk sich nach dem Eintritte in Kanaan vor der Bundeserneuerung befand, als es noch unbeschnitten war. Die Vertreibung aus dem Hause Jehovas ist der Bann, dem das Volk durch die Verwerfung des Messias verfallen ist. Als Israel den von ihm geforderten König nach der Wahl verworfen hatte, wurde dieser, als er das Volk von den Ammonitern befreit hatte, in Galgala anerkannt. Israel will den wahren König noch nicht anerkennen und steckt noch in der doppelten Bosheit von Galgala, die der Prophet für lange Zeit vorausverkündet hat.

2. Zwei Gnadenfristen.

K. 10—11.

Der Prophet rügt die Laster des für so viele Wohlthaten undankbaren Israel und verkündet den Eintritt der dafür angedrohten Strafe nach einer unbenutzten Gnadenfrist. Im zweiten Theile der Rede schildert er noch einmal eine Gnadenfrist, die in ihrem nächsten buchstäblichen Sinne sich auf eine Frist vor dem Untergange des Reiches Israel bezieht, aber so dargestellt ist, daß sie ein Abbild und Vorbild der dem Volke Israel durch den Messias angebotenen Gnade ist. Der Verschmähung der Gnade folgt harte Strafe, jedoch noch keine Vertilgung, sondern Gott wartet die endliche Bekehrung ab.

¹ Ein wuchernder Weinstock ist Ephraim, Frucht setzt er sich an. Nach der Menge seiner Frucht vermehrt er die Altäre, und nach dem Segen seines Landes verschönert er seine Bildsäulen. ² Gleißnerisch ist ihr Herz, jetzt sollen sie büßen, er selbst (Gott) wird zerbrechen ihre Altäre, verwüsten ihre Bildsäulen. ³ Denn jetzt sprechen sie: Wir haben keinen König, denn wir fürchteten Jehova nicht, und was sollte uns der König nützen? ⁴ Wörter redeten sie, schwuren falsch, schlossen Bündnisse, und es wächst wie Lolch ein Gericht auf den Furchen des Ackers. ⁵ Ueber die Kälber von Beth-Aven ist die Einwohnerschaft Samariens besorgt, denn darüber trauert sein Volk, und seine Götzenpriester erbeben darüber wegen seiner Herrlichkeit, denn sie zog davon. ⁶ Auch es selbst, es wird gebracht als Geschenk zu König Jaber. Scham faßt Ephraim, und Israel wird wegen seines Rathes zu Schanden. ⁷ Vernichtet ist Samaria, sein König wie ein Splitter auf der Fläche des Wassers. ⁸ Verwüstet wurden die Höhen von Aven, die Sünde Israels. Dorn und Distel wächst auf ihren Altären, und sie sprechen zu den Bergen: Bedecket uns, und zu den Hügeln: Fallet über uns. ⁹ Von den Tagen Gabaas hast du Israel gesündigt, dort trat man auf für die Söhne des Frevels: Nicht soll Krieg sie treffen in Gabaa. ¹⁰ Es ist in meinem Verlangen, und ich züchtige sie. Und es wurden wider sie Völker bei ihrer Fesselung versammelt ihre Quellen zu trinken. ¹¹ Und Ephraim war als unterrichtete Färse mein Liebling beim Dreschen, und ich führte ihren Nacken zum Segen. Anspannen will ich Ephraim, Juda soll pflügen und Jakob eggen. ¹² Säet euch zur Gerechtigkeit, erntet nach dem Maße der Liebe, brechet euch Neubruch, und es ist Zeit Jehova zu suchen, damit er komme und euch Gerechtigkeit regne. ¹³ Ihr habet Bosheit gepflügt, deren Verkehrtheit geerntet und die Frucht der Lüge genossen, denn du vertrautest auf deinem Wege auf die Menge deiner Helden. ¹⁴ Und Getümmel erhebt sich in deinen Stämmen, und alle deine Festungen werden verwüstet, wie Salman Beth Arbeel verwüstete, am Tage des Krieges wurde die Mutter mit den Kindern zerschmettert. ¹⁵ So hat euch Bethel gethan wegen der Bosheit eurer Bosheit; im Morgenrothe wurde Israels König vertilgt.

¹¹,¹ Als Israel Jüngling war, liebte ich ihn, und aus Aegypten rief ich meinen Sohn. ² Man rief ihnen, sofort gingen sie von

deren (der Rufenden) Antlitze weg, den Baalen opfern sie, und den Götzenbildern räuchern sie. ³ Und ich gängelte Ephraim, man nahm sie auf seine Arme, aber sie erkannten nicht, daß ich sie heilte. ⁴ Mit menschlichen Banden zog ich sie, an Fesseln der Liebe und ich war ihnen gleich Entfernern des Joches an ihren Kinnbacken, und ich neigte mich zu ihm, will Speise geben. ⁵ Nicht soll er (Ephraim) nach Aegypten zurückkehren, aber Assur ist sein König, da sie zurück= zukehren verweigerten. ⁶ Und es kreiset das Schwert in seinen Städten und vernichtet seine Riegel und verzehrt wegen ihrer Rath= schläge. ⁷ Und mein Volk hängt an meiner Abkehr, und zum Höchsten rief man sie, aber zusammen erhebt man sich nicht. ⁸ Wie soll ich dich hingeben Ephraim? preisgeben Israel? Wie soll ich dich hin= geben wie Adama, dich machen wie Seboim? Nicht will ich aus= führen eine Zorngluth, nicht wiederholen Ephraim zu vertilgen, denn ich bin Gott und nicht Mensch, heilig in deiner Mitte und komme nicht mit Zorn. ¹⁰ Man wird Jehova nachgehen, gleich einem Löwen wird er rufen, denn er wird rufen, und zitternd nahen Söhne vom Meere. ¹¹ Sie nahen sich zitternd gleich dem Vogel aus Aegypten, und gleich einer Taube aus dem Lande Assur, und ich lasse sie wohnen in ihren Häusern, spricht Jehova.

3. Die schließliche Bekehrung nach doppelter Bestrafung.
K. 12—14.

Das auf irdische Hülfsmittel vertrauende und von Gott abgefallene Israel wird im Gegensatze zu Jakob, der mit Gott im Gebete rang und aus kleinem Anfange unter göttlicher Führung zu einem Volke erwuchs, wieder aus dem Lande verbannt, und durch harte Strafen zur Bekehrung geführt werden.

¹ Ephraim hat mich umgeben mit Lug, und mit Trug das Haus Israel, und Juda schweift noch umher neben Gott und hängt an Heiligthümern. ² Ephraim weidet Wind und erstrebt Ostwind und mehret jeden Tag Lüge und Verwüstung, und man schließt Bündniß mit Assur, und Oel wird nach Aegypten gebracht. ³ Auch einen Streit hat Jehova mit Juda, und um Jakob nach seinen Wegen heimzusuchen wird er ihm nach seinen Werken vergelten. ⁴ Im Mutterschooße faßte er seinen Bruder an der Ferse, und in seiner

Kraft rang er mit Gott. ⁶ Und er rang mit dem Engel und über-
wand, weinte und flehet zu ihm. In Bethel findet er ihn, und
dort redet er zu uns. ⁶ Und Jehova Gott der Heerscharen, Jehova
ist dessen Gedenkzeichen. ⁷ Du aber, kehre um durch deinen Gott,
bewahre Liebe und Recht und hoffe immer auf deinen Gott. ⁸ Kanaan
mit betrüglicher Wage in seiner Hand liebte zu übervortheilen, ⁹ aber
Ephraim sprach: Ich bin nur reich geworden, habe mir Vermögen
gefunden; meinen ganzen Erwerb wird man mir nicht als Frevel
finden, der Sünde ist.

¹⁰ Aber ich Jehova dein Gott von dem Lande Aegypten her werde
dich noch in Zelten wohnen lassen wie in den Tagen des Bundes
(am Sinai). ¹¹ Und ich rede zu den Propheten, und ich mehrte
Gesicht, und durch die Hand der Propheten mache ich ein Gleichniß:
¹² Wahrlich, Galaad (Bundeshügel) ist eitel, gewiß wurden nichtig in
Galgala, die Stiere opferten, auch ihre Altäre sind wie Steinhaufen
auf den Furchen des Ackers.

Galaad ist der Name für das Ostjordanland, der von dem Denkmale
beim Bunde Jakobs mit Laban herrührte. Wenn dieser Name nichtig
ist, dann ist ein Bund gebrochen. In Galgala brachte Saul gegen das
Verbot Samuels das Opfer und zog sich dadurch die Verwerfung seines
Königthums zu. Galgala steht hier als Theil des Westjordanlandes dem
Galaad gegenüber, und die Anspielung auf Sauls Opfer bezeichnet das
Königthum Israels als ein verworfenes. Es sollen aber auch alle gesetz-
widrigen Altäre Israels zu Steinhaufen werden. Im Folgenden hebt
der Prophet den Gegensatz zwischen dem Anfange und dem Ende Israels
zum zweiten Male nachdrücklich hervor.

¹³ Und Jakob floh nach dem Gefilde Arams, und Israel diente
um ein Weib und hütete um ein Weib. ¹⁴ Und durch einen Propheten führte Jehova Israel aus Aegypten, und durch einen Propheten
wurde es gehütet. ¹⁵ Ephraim hat bitter erzürnt, und sein Herr
wird dessen Blut auf selbes kommen lassen und seine Schmach ihm
erwiedern.

¹³,¹ Wenn Ephraim redete, erregte selbes Schrecken in Israel, aber
es verschuldete sich durch Baal und ging unter. ² Und jetzt fahren
sie fort zu sündigen, und sie machten sich ein Gußbild von ihrem
Silber, Bildsäulen nach ihrer Einsicht, ein Werk von Künstlern ist
das Ganze. Indem zu diesen (den Bildern) opfernde Menschen

reden, küssen sie Kälber. ³ Darum werden sie wie eine Morgenwolke, und wie der frühvergehende Thau, wie Spreu von der Tenne verweht, und wie der Rauch aus dem Fenster. ⁴ Und ich Jehova bin dein Gott vom Lande Aegypten her, und einen Gott außer mir kennst du nicht, und außer mir ist kein Retter. ⁶ Ich kannte dich in der Wüste, im Lande der Gluthen. Wie ihre Weide war und sie satt wurden, wurden sie satt und erhob sich ihr Herz; darum vergaßen sie mich. ⁷ Aber ich wurde für sie wie der Löwe, wie der Parder laure ich auf ihrem Wege. ⁸ Wie ein der Jungen beraubter Bär falle ich sie an und zerreiße den Verschluß ihres Herzens, wie eine Löwin verzehre ich sie dort, das Gethier des Feldes soll sie zerreißen. ⁹ Du bist dein Verderben, Israel, denn bei mir bist du bei deiner Hülfe. ¹⁰ Wo ist dein König jetzt? und er möge dir helfen in allen deinen Städten, und deine Richter? von denen du sagtest: Gib mir einen König und Fürsten. ¹¹ Ich gebe dir einen König in meinem Zorne, und nehme (ihn) in meinem Grimme. ¹² Zugebunden ist die Schuld Ephraims, aufbewahrt seine Sünde. ¹³ Wehen einer Gebärerin werden ihm kommen: es ist ein unverständiger Sohn, denn zur rechten Zeit tritt es nicht in den Hervorbruch von Söhnen. ¹⁴ Aus der Hand der Unterwelt erlöse ich sie und und errette sie vom Tode. Wo sind deine Seuchen? o Tod! wo dein Verderben? o Unterwelt! Reue verbirgt sich vor meinem Auge, ¹⁵ denn er (Ephraim) soll Frucht tragen unter Brüdern.

Da Ephraim sich zur rechten Zeit dem ein...tenden und angebotenen Heile nicht zuwendet, so soll es durch ein Strafgericht dazu genöthigt werden, denn Gott gibt seinen Rathschluß über Israel nicht auf. Das in V. 15 - 14,1. angedrohte Strafgericht ist in seiner bildlichen Darstellung so allgemein gehalten, daß es die Trangsale der Israeliten von der Zeit ihrer Verschmähung des Messias bis zu ihrer endlichen Bekehrung umfassen kann.

¹⁵ᵇ Es kommt ein Ostwind, ein Sturm Jehovas steigt auf aus der Wüste und vertrocknet seine (Ephraims) Quelle und sein Born versiegt. Er selbst (Gott) beraubt die Schatzkammer aller Kleinode. ¹⁴,¹ Samaria soll büßen, denn es empörte sich wider Gott. Sie fallen durch das Schwert, ihre Säuglinge werden zerschmettert und ihre Schwangern zerschnitten. ² Kehre um, Israel, zu Jehova deinem Gotte, denn durch deine Schuld bist du gestrauchelt. ³ Nehmet Worte

mit euch und kehret um zu Jehova; sprechet zu ihm: Alle Schuld nimm hinweg, uud nimm Gutes an, nnd wir wollen Opfer unserer Lippen bringen. ⁴ Assur wird uns nicht retten, Rosse werden wir nicht besteigen, und die Werke unserer Hände wollen wir nicht mehr Gott nennen, denn bei dir wird des Waisen erbarmt. ⁵ Ich will heilen ihren Abfall, will gerne sie lieben, denn mein Zorn hat sich von ihnen gewendet. ⁶ Wie Thau will ich sein für Israel, es soll blühen und seine Wurzeln treiben wie der Libanon. ⁷ Seine Schößlinge sollen hervorgehen, und seine Herrlichkeit gleich dem Oelbaume, und ein Geruch ihm gleich dem Libanon sein. ⁸ Die in seinem Schatten Wohnenden sollen wieder Getreide beleben und blühen wie der Weinstock; sein Ruhm ist wie der Wein des Libanon. ⁹ Ephraim, was habe ich noch mit den Bildsäulen zu thun? Ich erhörte und ich schaute ihn wie eine grünende Cypresse. Von mir wurde deine Frucht gefunden. ¹⁰ Wer ist weise und verstand dieses? und erkennt sie, daß gerade die Wege Jehovas sind, und die Gerechten wandeln darauf, und die Abtrünnigen straucheln auf denselben.

2. Amos.

Nach der Ueberschrift des Buches Amos weissagte dieser unter Ozias uud Jeroboam II. also zwischen 789 und 735. In wie fern seine zu Bethel gehaltene Reden in der vorliegenden Sammlung enthalten sind, läßt sich nicht genau bestimmen. Letztere ist ein aus drei Gliedern bestehendes einheitliches Werk. Das erste Glied, K. 1—2. ist die Einleitung, das zweite, K. 3—6. enthält drei zusammenhangende Reden, und das letzte, K. 7—9. drei Visionen.

a. Erster Theil.

Strafgericht über die östliche Staatengruppe am Mittelmeere.

K. 1—2.

¹ Reden des Amos, der unter den Hirten aus Thekoa war, die er über Israel schaute in den Tagen des Ozias, des Königs von Juda, und in den Tagen Jeroboams, des Sohnes des Joas, des Königs von Israel, zwei Jahre vor dem Erdbeben.

² Und er sprach: Jehova brüllt von Sion, und von Jerusalem erhebt er seine Stimme, und es trauern die Triften der Hirten, und das Haupt des Karmel verdorrt. ³ So sprach Jehova über drei Frevel von Damaskus und über vier: Nicht wende ich es ab, weil sie Galaad mit eisernen Dreschwalzen gedroschen haben, ⁴ sondern ich sende Feuer in das Haus Hazaels, und es verzehrt die Paläste Ben=Hadads. ⁵ Und ich zerbreche den Riegel von Damaskus und rotte aus den Bewohner vom Thale Aven und den Zepterhalter von Beth=Eden, und das Volk Arams wandert in die Gefangenschaft nach Kir, sprach Jehova.

Das Suff. וֹ von אֲשִׁיבֶנּוּ in B. 3 kündigt das in B. 4—5. Angedrohte im Voraus an, und das Mask. steht statt des Feminin. in derselben Weise, wie ein vorausgehendes Prädikat mit seinem Subj. im Genus nicht übereinzustimmen braucht. Der Grund, weßhalb Gott die angedrohte Strafe nicht abwenden will, ist 3 b angegeben, und dieses deßhalb mit dem vorhergehenden אֲשִׁיבֶנּוּ zu verbinden. Mit Nicht wende u. s. w. beginnt also die directe Rede Gottes wider Damaskus. Die in der directen Rede angegebene Drohung bildet nur einen Fall von den im ersten Theile des B. 3. angedeuteten drei oder vier Drohungen über drei und über vier Frevel von Damaskus. Der Prophet gibt also nur ein Bruchstück von den Drohungen wider Damaskus und läßt selbst deren Zahl durch seine ungenaue Angabe unbestimmt. In derselben Weise verfährt er bei den folgenden Weissagungen gegen Philistäa, Thyrus, Edom, Ammon, Moab, Juda und Israel. Alle diese Strafgerichte hat er in B. 2a. kurz zusammengefaßt, und eben so deren Folgen in B. 2 b. Der Ausdruck von B. 2 a. kommt auch bei Joel 4,16. vor, aber in einem ganz andern Sinne; bei Amos ist dieser Ausdruck aus einer concreten Unterlage erwachsen, bei Joel ist er dagegen ins Unbestimmte fortgebildet.

⁶ So sprach Jehova über drei Frevel Gazas und über vier: Nicht wende ich es ab, da sie eine ganze Gefangenschaft wegführten zur Ueberlieferung an Edom, ⁷ sondern ich sende Feuer in die Mauer von Gaza, und es verzehrt seine Paläste, ⁸ und ich rotte aus den Bewohner von Asdod und den Zepterträger von Askalon, und ich strecke meine Hand wider Ekron aus, und zu Grunde geht der Rest der Philister, sprach Jehova der Herr. ⁹ So sprach Jehova über drei Frevel von Thyrus und über vier: Nicht wende ich es ab, da sie eine ganze Gefangenschaft an Edom überlieferten und nicht

des Bruderbundes gedachten, [10] sondern ich sende Feuer in die Mauer von Thyrus und es verzehrt dessen Paläste. [11] So sprach Jehova über drei Frevel Edoms und über vier: Nicht wende ich es ab, da er mit dem Schwerte seinen Bruder verfolgte und sein Erbarmen vernichtete, und sein Zorn immer zerfleischte, und er seinen Grimm stets bewahrte, [12] sondern ich sende Feuer in Theman, und es verzehrt die Paläste von Bosra. [13] So sprach Jehova über drei Frevel der Söhne Ammons und über vier: Nicht wende ich es ab, da sie Schwangere Galaads zerschnitten, um ihre Grenze zu erweitern, [14] sondern ich zünde ein Feuer in den Mauern von Rabba an, und es verzehrt dessen Paläste unter Kriegsgeschrei am Tage des Krieges beim Sturm am Tage des Unwetters. [15] Und ihr König wandert in die Gefangenschaft, er und seine Fürsten zusammen, sprach Jehova.

[2,1] So sprach Jehova über drei Frevel Moabs und über vier: Nicht wende ich es ab, da es die Gebeine des Königs von Edom zu Kalk verbrannte, [2] sondern ich sende Feuer in Moab, und es verzehrt die Paläste von Karioth, und Moab kommt um im Getümmel beim Kriegsgeschrei unter dem Schall der Posaune. [3] Und ich rotte aus den Richter aus seiner Mitte, und alle seine Fürsten erwürge ich mit ihm, sprach Jehoaa. [4] So sprach Jehova über drei Frevel von Juda und über vier: Nicht wende ich es ab, da sie die Thorah Jehovas verschmähten und seine Satzungen nicht beobachteten, und ihre Lügen, denen ihre Väter nachgingen, sie verführten, [5] sondern ich sende Feuer in Juda, und es verzehrt die Paläste Jerusalems.

[6] So sprach Jehova über drei Frevel Israels und über vier: Nicht wende ich es ab, da sie für Geld den Gerechten verkaufen und für ein Paar Schuhe den Armen, [7] die da gieren nach dem Staub der Erde auf dem Haupte der Geringen und den Weg der Dürftigen beugen, und es geht ein Mann und sein Vater zu derselben Dirne, um meinen heiligen Namen zu entweihen. [8] Und auf gepfändeten Kleidern strecken sie sich neben jedem Altare, und Wein von Gestraften trinken sie im Hause ihres Gottes. [9] Und ich vertilgte den Amorrhiter, dessen Höhe gleich der Höhe der Cedern, und der stark war, wie die Eichen, und ich vertilgte seine Frucht oben und seine Wurzeln unten. [10] Und ich führte euch aus dem Lande Aegypten herauf und leitete euch vierzig Jahre in der Wüste, um das Land des Amorrhiters

einzunehmen. ¹¹Und ich erweckte von euren Söhnen zu Propheten und von euren Jünglingen zu Nazaräern. Ist es nicht so? Söhne Israels! spricht Jehova. ¹²Und ihr gabet den Nazaräern Wein zu trinken, und befahlet den Propheten, indem ihr sprachet: Ihr sollet nicht weissagen. ¹³Siehe, ich belaste an eurer Stelle, wie den Wagen belastet die ihn mit Garben Anfüllende. ¹⁴Und es vergeht dem Schnellen die Flucht, und der Starke befestigt seine Kraft nicht, und nicht rettet der Held seine Seele ¹⁵Und der den Bogen Haltende hält nicht Stand, und der Schnellfüßige entkommt nicht, und der Reiter des Rosses rettet nicht seine Seele. ¹⁶Und der Beherzte unter den Helden flieht nackt an jenem Tage, spricht Jehova.

b. Zweiter Theil.

Israels Untergang wegen seiner Entartung.

K. 3 — 6.

In dieser dreigliedrigen Rede kündigt der Prophet in K. 3 das kommende Gericht an, zeigt in K. 4. die Unbußfertigkeit Israels, und schließt in K. 5—6. mit dem Untergange der Unverbesserlichen.

¹Höret dieses Wort, welches Jehova über euch redete, Söhne Israels, über das ganze Geschlecht, das ich aus dem Lande Aegypten heraufführte, indem ich sprach: ²Nur euch habe ich beachtet von allen Geschlechtern der Erde, darum werde ich an euch heimsuchen alle eure Verschuldungen. ³Gehen zwei zusammen, außer wenn sie bekannt geworden sind? ⁴Brüllet der Löwe im Walde, und hat keine Beute? Erhebt der Junglen seine Stimme aus seinem Lager, ohne geraubt zu haben? ⁵Fällt ein Vogel in die Schlinge auf der Erde, wenn kein Sprenkel für ihn da ist? Hebt man die Schlinge vom Boden auf, und nimmt nicht heraus? ⁶Stößt man in der Stadt in die Posaune, und das Volk erschrickt nicht? Geschieht ein Unglück in der Stadt, und Jehova wirkte nicht? ⁷Denn nicht thut Jehova eine Sache, wenn er sein Geheimniß seinen Dienern, den Propheten, nicht offenbarte. ⁸Ein Löwe hat gebrüllt; wer fürchtet sich nicht? Jehova der Herr hat geredet; wer wird nicht begeistert?

Der Verkehr, in welchem Gott mit seinem Volke steht, ist zu einem feindlichen geworden, wie zwischen dem Löwen und seiner Beute und der

Schlinge und ihrem Fange, und das Volk stürzt in sein Verderben, das Gott ihm vorausverkündet und zur Strafe für die Verkommenheit herbeiführt.

⁹ Verkündet an den Palästen in Asdod und an den Palästen im Lande Aegypten und sprechet: Versammelt euch auf die Berge Samariens und schauet das viele Toben in seiner Mitte und die Bedrückungen in seinem Innern. ¹⁰ Und sie verstehen nicht Recht zu thun, spricht Jehova, die Gewaltthat und Verwüstung in ihren Palästen anhäufen. ¹¹ Darum sprach also Jehova der Herr: Ein Feind, und rings um das Land, und er stürzt deine Macht von dir, und deine Paläste werden geplündert. ¹² So sprach Jehova: Wie der Hirt aus dem Maule des Löwen zwei Schienbeine oder ein Ohrläppchen rettet, so werden die Söhne Israels gerettet, welche in Samaria auf der Ecke des Lagers oder auf dem Damaste des Bettes sitzen. ¹³ Höret und bezeuget im Hause Jakobs, spricht Jehova der Herr der Gott der Heerscharen, ¹⁴ daß ich an dem Tage, wann ich die Frevel Israels an ihm heimsuche, auch die Altäre Bethels heimsuche, und die Hörner des Altars werden abgeschlagen und fallen auf die Erde. ¹⁵ Und ich zerschlage das Winterhaus mit dem Sommerhause, und es gehen unter die Häuser von Elfenbein, und viele Häuser verschwinden, spricht Jehova.

⁴,¹ Höret dieses Wort, Kühe von Basan, welche auf dem Berge Samariens Dürftige bedrücken und Arme unterdrücken, die zu ihren Herren sprechen: Schaffe herbei, damit wir trinken. ² Geschworen hat Jehova der Herr bei seiner Heiligkeit: Siehe, es kommen Tage über euch, und man nimmt euch weg mit Haken und eure Nachkommenschaft mit Fischerangeln, ³ und ihr kommet in Schluchten jede vor sich hin, und ihr sendet Klage zum Berge eines Aufsehers, spricht Jehova.

Das ה am Ende von והשלכתנה ist durch keine Regel oder Ausnahme zu rechtfertigen und darum abzutrennen. Das Wort ההרמונה ist eine sinnlose Form, und deßhalb so abzutheilen, daß die einzelnen Theile hebräische Wörter bilden, was durch ההר מונה möglich ist. Da keines von diesen Wörtern wegen des Zeitwortes Subj. des Satzes sein kann, und da sie ebenfalls als Objecte nicht passen, so müssen sie durch den Stat. constr. mit einander verbunden sein. In diesem Falle muß aber erst ה von ההר getrennt werden. Daß die beiden abgetrennten

זֹה zu einem Worte zu verbinden sind, kann nicht zweifelhaft sein, da sie einzeln sinnlos sind. Das daraus sich ergebende Wort הֹזֹה kommt Ez. 30,2. vor und bedeutet We he. Wenn die unter dem Bilde von Kühen dargestellten üppigen Frauen Samariens in Abgründe gerannt sind, werden sie in ihrer Angst zum Berge eines Aufsehers schreien, unter dessen Hut sie zu stehen vermeinen. Daran schließt sich die ironische Aufforderung im folgenden Verse, sich in ihrer Noth an ihre Kälber zu wenden.

⁴ Gehet nach Bethel und sündigt, nach Galgala, mehret das Sündigen! und bringet am Morgen eure Schlachtopfer und nach der Dreizahl von Tagen eure Zehnten. ⁵ Und opfert von Gesäuertem Dankopfer, und rufet freiwillige Opfer aus, lasset hören, denn so liebet ihr's, Söhne Israels, spricht Jehova der Herr.

⁶ Aber auch ich gab euch Leere der Zähne in allen euren Städten und Mangel des Brodes an allen euren Orten; aber ihr kehrtet nicht zu mir zurück, spricht Jehova. ⁷ Und ich habe auch den Regen von euch abgehalten, als noch drei Monate bis zur Ernte waren; und ich lasse regnen auf eine Stadt, und auf die andere lasse ich nicht regnen. Das eine Feld wird beregnet, und das Feld, auf welches es nicht regnet, verdorrt. ⁸ Und es schwanken zwei, drei Städte zu einer Stadt, um Wasser zu trinken, und werden nicht satt, aber ihr kehrtet nicht zu mir zurück, spricht Jehova. ⁹ Ich schlug euch mit Kornbrand und Vergilbung des Getreides; die Menge eurer Gärten und eurer Weinberge und eurer Feigenbäume und eurer Oelbäume frißt die Heuschrecke, aber ihr kehrtet nicht zu mir zurück, spricht Jehova. ¹⁰ Ich sandte Pest nach der Weise Aegyptens unter euch, ich würgte mit dem Schwerte unter euren Jünglingen sammt der Beute eurer Rosse, und ließ den Gestank eurer Lager in eure Nase auffsteigen, aber ihr kehrtet nicht zu mir zurück, spricht Jehova. ¹¹ Ich zerstörte unter euch gleich der Zerstörung Gottes an Sodoma und Gomorrha, und ihr waret gleich einem aus dem Feuer geretteten Feuerbrande, aber ihr kehrtet nicht zu mir zurück, spricht Jehova. ¹² Darum werde ich dir, Israel! also thun. Da ich dir dieses thun werde, darum rüste dich gegen deinen Gott, Israel. ¹³ Denn siehe, der die Berge bildet und den Wind schafft, und was sein Sinn ist, dem Menschen verkündet, macht die Morgenröthe der Finsterniß und schreitet auf den Höhen der Erde! Jehova Gott der Heerschaaren ist sein Name.

⁵,¹ Höret dieses Wort, das ich über euch als Klagelied des Hauses Israel erhebe. ² Es fiel und steht nicht wieder auf die Jungfrau Israel; hingestürzt ist sie auf ihren Boden, keiner richtet sie auf. ³ Denn so sprach Jehova: Die Stadt, die als tausend auszieht, behält hundert übrig, und die zu hundert auszieht, behält zehn übrig für das Haus Israel. ⁴ Denn so sprach Jehova zum Hause Israel: Suchet mich und lebet, ⁵ und suchet nicht Bethel nnd kommet nicht nach Galgala, und wandert nicht nach Versabee, denn Galgala wird gefangen weggeführt, und Bethel wird zu Nichtigkeit. ⁶ Suchet Jehova und lebet, damit er nicht wie Feuer über das Haus Josephs komme und verzehre, und kein Löschender sei für Bethel, ⁷ die das Recht in Wermut verkehren und die Gerechtigkeit zur Erde warfen. ⁸ Der das Siebengestirn und den Orion machte und den Todes= schatten in Morgen umwandelte, hat auch den Tag zu Nacht ver= finstert; der die Wasser des Meeres ruft und auf die Fläche der Erde hingießt, dessen Name Jehova ist, ⁹ der läßt hereinbrechen Ver= wüstung über die Starken, und Verwüstung wird kommen über Be= festigung. ¹⁰ Sie haßten im Thore den Zurechtweiser und verabscheuen den, der Redliches redet. ¹¹ Darum weil ihr den Geringen beschädiget und Getreidespende von ihm nehmet, bautet ihr Häuser von Quadern werdet aber nicht darin wohnen, pflanzet liebliche Weinberge, werdet aber ihren Wein nicht trinken. ¹² Denn ich kenne eure vielen Ver= gehen und eure gewaltigen Sünden; sie bedrängen den Gerechten, nehmen Lösegeld und beugten im Thore die Armen. ¹³ Darum ver= stummt der Einsichtige in dieser Zeit, denn es ist eine böse Zeit. ¹⁴ Suchet das Gute aber nicht das Böse, damit ihr lebet, und damit so Jehova der Gott der Heerscharen mit euch sei, wie ihr behauptetet. ¹⁵ Hasset das Böse und liebet das Gute und richtet auf im Thore das Recht; vielleicht begnadigt Jehova der Gott der Heerscharen den Rest Josephs. ¹⁶ Darum sprach also Jehova der Gott der Herr= scharen der Herr: Auf allen Marktplätzen ist Klage, und auf allen Gassen wird man Wehe! Wehe! sagen; und man ruft den Land= mann zur Trauer, und Trauerklage denen zu, die Wehklage verstehen. ¹⁷ Und in allen Weinbergen ist Trauerklage, denn ich werde durch deine Mitte gehen, sprach Jehova.

Gott will zerstörend durch Israel gehen, wie er einst durch Aegypten ging. Hier und im Folgenden gestattet sich die Ankündigung des Straf=

gerichtes, die im zweiten Theile des Buches Amos enthalten ist, zu einem Abbilde des Strafgerichtes in den Tagen des Messias, die für die Bösen dunkel und Finsterniß, für die Guten aber Licht sein sollen.

¹⁸ Wehe denen, die nach dem Tage Jehovas verlangen. Wozu das? Für euch ist der Tag Jehovas Finsterniß und nicht Licht, ¹⁹ so wie einer vor dem Löwen flieht und der Bär ihn trifft, und der ins Haus kommt, und seine Hand an die Wand stützt, den aber die Schlange beißt. ²⁰ Ist nicht Finsterniß der Tag Jehovas und nicht Licht, und dunkel und kein Glanz an ihm? ²¹ Ich haßte, ver= schmähte eure Feste und will eure Versammlungen nicht riechen. ²² Denn wenn ihr mir darbringet Brandopfer und eure Speisopfer, nicht habe ich Gefallen (daran), und auf Dankopfer eurer Mastkälber blicke ich nicht. ²³ Entferne von mir den Lärm deiner Lieder, und das Spiel deiner Harfen will ich nicht hören. ²⁴ Und es ströme Recht wie Wasser, und Gerechtigkeit gleich einem immerfließenden Strome. ²⁵ Habet ihr mir Brandopfer und Speisopfer dargebracht vierzig Jahre in der Wüste, Haus Israel? ²⁶ Und ihr truget die Hütte eures Königs und das Gestell eurer Bilder; ein Stern war euer Gott, den ihr euch machtet. ²⁷ Aber ich führe euch gefangen über Damaskus hinaus, sprach Jehova, dessen Name Gott der Heer= scharen ist. ⁶'¹ Wehe den Sichern in Sion und den Sorglosen auf dem Berge Samariens! Die Ausgewählten der Vorzeit sind die Nationen, und zu ihnen geht das Haus Israel. ² Gehet nach Kalne und sehet, wandert von dort zum großen Emath und ziehet hinab nach Geth der Philister, ob sie besser als diese Reiche (Juda und Israel), und ihre Grenze größer als eure Grenze? ³ Wollet ihr dem Tage des Unheils entgehen, obgleich ihr das Wohnen von Ge= waltthat heranzoget? ⁴ die da liegen auf Betten von Elfenbein und sich auf ihren Lagern strecken und Lämmer von der Herde und Kälber aus der Mast verzehren, ⁵ die da nach dem Tone der Harfe schreien und sich wie David Saitenspiele ersinnen, ⁶ die aus Weinkrügen trinken und sich mit dem Erstlinge der Oele salben, aber sich um das Gebrechen Josephs nicht kümmern! ⁷ Darum ziehen sie jetzt an der Spitze der Gefangenen in die Gefangenschaft, und es entweicht der Lärm der Ausgelassenen. ⁸ Geschworen hat Jehova der Herr bei sich selbst, spricht Jehova der Gott der Heerscharen: Ich verab= scheue den Stolz Jakobs, und ich haßte seine Paläste, und ich will

die Stadt und ihre Fülle preisgeben. ⁹Und es geschieht, wenn zehn Männer in einem Hause übrig bleiben als Einer und ein Todter desselben, ¹⁰so nimmt diesen fort sein Verwandter und Bestatter, um die Gebeine aus dem Hause zu schaffen, und er spricht zu dem im Winkel des Hauses: Ist noch mehr bei dir? Keiner, sagt dieser. Und er spricht: Stille! denn nicht anzurufen ist der Name Jehovas. ¹¹Denn siehe, Jehova gebietet, und man schlägt das große Haus in Trümmer, nnd das kleine in Risse. ¹²Auf dem Felsen sollen wohl Rosse laufen, oder mit Ochsen man pflügen? da ihr das Recht in Gift verkehret, und die Frucht der Gerechtigkeit in Wermut; ¹³die sich freuen über ein Unding, indem sie sprechen: In unserer Kraft haben wir Hörner für uns erlangt. ¹⁴Denn siehe, ich rege auf wider euch, Haus Israel! spricht Jehova der Gott der Heerscharen, ein Volk, und man bedrängt euch von dem Wege nach Emath bis zum Bache der Wüste.

c. Dritter Theil.
K. 7—9.

Die dritte Androhung des Unterganges Israels erfolgt in 5 Sinnbildern. Bei den beiden ersten tritt auf die Fürbitte des Propheten ein Aufschub der schon eintretenden Strafe ein, wie auf die durch Phul und Thiglatphalasar beginnenden Bedrängnisse eine Gnadenfrist folgte. Die drei letzten Visionen zeigen den Eintritt des Unterganges des Reiches Israel, der nicht auf einmal sondern stufenweise erfolgte. Dieser dritte Theil ist zu einem Abbilde eschatologischer Strafgerichte gestaltet. ¹Also ließ Jehova der Herr mich schauen, und siehe, er bildete Heuschrecken im Beginne des Sprossens des Grummets, und siehe, es war Grummet nach der Schur des Königs.

Wahrscheinlich ließ nur der König Wiesen mähen zur Beschaffung des Futters für seine Reiterei, vielleicht liegt in der Erwähnung der königlichen Schur auch eine Andeutung, wie sehr das Volk von dem israelitischen Königthume beschädigt worden war; die Heuschrecken wären dann die auswärtigen Feinde, welche alles übrige verzehren wollten. ²Und es geschah, als sie das Kraut der Erde zu verzehren vollendet hatten, daß ich sprach: O Herr Jehova! vergib doch. Als was für einer soll Jakob bestehen? denn er ist klein. ³Es erbarmte sich Jehova darüber. Nicht soll es geschehen, sprach Jehova. [4] Also ließ Jehova der Herr mich schauen, und siehe, es rief, um mit Feuer zu richten, Jehova der Herr, und es verzehrte den großen Abgrund und das Erbtheil (Israel). [5] Und ich sprach: O Herr Jehova! höre doch auf. Als was für einer soll Jakob bestehen; denn er ist klein. [6] Es erbarmte sich darüber Jehova. Nicht soll es geschehen, sprach Jehova der Herr. [7] Also ließ er mich schauen, und siehe, der Herr stand auf einer Mauer des Lothes, mit einem Lothe in der Hand. [8] Und Jehova sprach zu mir: Was siehst du, Amos? Und ich sprach: Ein Loth. Und es sprach der Herr: Siehe, ich lege ein Loth mitten an mein Volk Israel; nicht mehr werde ich ferner vorüber= gehen an ihm. [9] Und es werden verwüstet die Höhen Isaaks, und die Heiligthümer Israels zerstört; und ich erhebe mich wider das Haus Jeroboams mit dem Schwerte.

[10] Und es sandte Amasias, ein Priester von Bethel zu Jeroboam, dem Könige von Israel, indem er sprach: Amos machte Verschwö= rung wider dich mitten im Hause Israel; das Land kann alle seine Reden nicht ertragen. [11] Denn so sprach Amos: Jeroboam wird ster= ben durch das Schwert, und Israel zieht aus seinem Lande in die Gefangenschaft. [12] Und Amasias sprach zu Amos: Seher, gehe und fliehe in das Land Juda, und iß dort Brod und weissage dort. [13] Aber zu Bethel weissage ferner nicht mehr, denn es ist ein Heilig= thum des Königs und ein Haus des Königthums. [14] Und Amos ant= wortete und sprach zu Amasias: Ein Prophet bin ich nicht, noch ein Prophetensohn, sondern ich bin ein Hirt und suche Sykomoren. [15] Und Jehova nahm mich von der Heerde, und Jehova sprach zu mir: Gehe, weissage wider mein Volk Israel. [16] Und nun höre das Wort Jehovas: Du sprichst: weissage nicht wider Israel und träufle nicht wider das Haus Isaaks. [17] Darum sprach also Jehova: Dein Weib wird in der Stadt zur Hure, und deine Söhne und deine Töchter fallen durch das Schwert, und dein Acker wird nach der Meßschnur vertheilt, und du wirst in einem unreinen Lande sterben, und Israel zieht aus seinem Lande in Gefangenschaft.

[8, 1] Also ließ Jehova mich schauen, und siehe, ein Fruchtkorb. [2] Und er sprach: Was siehst du, Amos? Und ich sprach: Einen Fruchtkorb. Und Jehova sprach zu mir: Das Ende ist meinem Volke Israel gekommen; nicht will ich fernerhin wieder an ihm vor=

übergehen. ³ Und es heulen die Gesänge des Palastes an diesem
Tage, spricht Jehova der Herr. Man warf in Menge die Leiche
an jedem Orte still hin. ⁴ Höret dieses, die ihr verlanget nach dem
Armen und zu vernichten die Geringen des Landes, ⁵ indem ihr
sprechet: Wann ist vorüber der Neumond, daß wir Getreide ver=
kaufen, und der Sabbath, daß wir Korn aufschließen, um das Epha
klein und den Sekel groß zu machen und Gewichte des Truges zu
fälschen, ⁶ um für Silber Dürftige zu kaufen und einen Armen für
ein Paar Schuhe, und damit wir den Abfall des Kornes verhan=
deln. ⁷ Geschworen hat Jehova bei dem Stolze Jakobs: Nicht werde
ich auf immer alle ihre Thaten vergessen. ⁸ Soll darüber nicht zit=
tern das Land, und trauern jeder Bewohner in demselben? Es er=
hebt sich ihre Gesammtheit wie Gluth, sie wogt und wird überfluthet
gleich dem Strome Aegyptens. ⁹ Und es geschieht an diesem Tage,
spricht Jehova der Herr, daß ich am Mittage die Sonne untergehen
lasse, und ich verfinstere die Erde am Tage des Lichtes. ¹⁰ Und ich
verwandle eure Feste in Trauer und alle eure Gesänge in Klage,
und ich bringe über alle Hüften Sack und auf jedes Haupt eine
Glatze; und ich mache es wie die Trauer um den Einzigen, und das
Ende davon gleich einem bittern Tage. ¹¹ Siehe, es kommen Tage,
spricht Jehova der Herr, und ich sende Hunger über das Land; nicht
Hunger nach Brod, und nicht Durst nach Wasser, sondern um die
Worte Jehovas zu hören. ¹² Und sie wanken vom Meere bis zum
Meere hin und eilen von Norden bis zum Aufgange, um das Wort
Jehovas zu suchen, aber sie finden nicht. ¹³ An diesem Tage ver=
hüllen sich die schönen Jungfrauen und die Jünglinge vor Durst,
¹⁴ die bei der Schuld Samariens schwören, und sprechen: So wahr
dein Gott lebt, o Dan! und beim Leben des Weges nach Bersabec;
und sie fallen und stehen nicht mehr auf.

⁹, ¹ Ich sah den Herrn am Altare stehen, und er sprach: Schlage
den Knauf und es sollen die Gesimse erbeben, und zerschmettere sie
über das Haupt von ihnen allen, und ihren Rest will ich mit dem
Schwerte erwürgen. Nicht soll ihnen ein Flüchtling entfliehen noch
ein Entronnener entrinnen. ² Wenn sie in die Unterwelt eindringen,
holt meine Hand sie von dort hervor, und steigen sie zum Himmel
auf, so stürze ich sie von dort herab. ³ Und verbergen sie sich auf
der Spitze des Karmel, so erspähe und hole ich sie, und verbergen

sie sich vor meinen Augen auf dem Grunde des Meeres, so befehle ich dort der Schlange, und sie sticht sie. ⁴ Und gehen sie in Verbannung vor ihren Feinden, so entbiete ich von dort das Schwert, und es erschlägt sie, und ich richte mein Auge auf sie zum Unheile und nicht zum Guten. ⁵ Und der Herr Jehova der Heerscharen ist es, der die Erde anrührt, und sie erbebt, und es trauern alle Bewohner auf derselben, und ihre Gesammtheit steigt auf wie der Nil und sinkt wie der Strom Aegyptens. ⁶ Er bauet im Himmel sein Gemach, und gründete es als sein Gewölbe über der Erde; er ruft den Wassern des Meeres und gießt sie auf die Fläche der Erde; Jehova ist sein Name. ⁷ Seid ihr Söhne Israels nicht mein, wie die Söhne der Aethiopier? spricht Jehova. Habe ich nicht Israel aus dem Lande Aegypten heraufgeführt und die Philister aus Kaphtor und Aram aus Kir? ⁸ Siehe, die Augen Jehovas des Herrn sind wider das sündige Reich, und ich vertilge es von der Fläche der Erde, nur daß ich das Haus Jakobs nicht vernichte, spricht Jehova. ⁹ Denn siehe, ich gebiete und zerstreue das Haus Israel, so wie im Siebe geschüttelt wird und nicht auf die Erde fällt ein Körnchen. ¹⁰ Durch das Schwert sollen alle Sünder meines Volkes sterben, welche sprechen: Nicht erreichen und nicht kommen wird an uns das Unheil. ¹¹ An diesem Tage will ich die zerfallene Hütte Davids wieder aufrichten, und ich schließe ihre Risse, und ihren Einsturz richte ich wieder auf und baue sie wie in den Tagen der Vorzeit, ¹² damit sie in Besitz nehmen den Rest Edoms und alle Völker, über welche mein Name genannt wird, spricht Jehova, der dieses ausführt. ¹³ Siehe es kommen Tage, spricht Jehova, und es reicht der Pflüger an den Schnitter und der Traubenkelterer an den Samenstreuer, und von Most triefen die Berge und fließen die Hügel. ¹⁴ Und ich wende die Gefangenschaft meines Volkes Israel, und sie bauen die zerstörten Städte und bewohnen, und sie pflanzen Weinberge und trinken deren Wein, und sie bauen Gärten und essen deren Frucht. ¹⁵ Und ich pflanze sie in ihrem Lande, und sie sollen nicht mehr aus dem Lande, das ich ihnen gegeben habe, ausgerottet werden, hat Jehova dein Gott gesprochen.

3. Michäas.

Dieser Prophet weissagte während der Regierung der Könige Joathan, Achaz und Ezechias, also in der Zeit zwischen 733 und 677; wie viele Jahre unter Joathan und Ezechias seine prophetische Thätigkeit gedauert hat, läßt sich nicht bestimmen. Das vorliegende Buch ist ein einheitliches aus drei Theilen bestehendes Ganze, das nach dem Einfalle Sennacheribs abgefaßt ist.

a. Erster Theil.
K. 1—2, 11.

Gericht über Samaria und Juda.

1,1 Das Wort Jehovas, welches an Michäas, den Merasthiten erging in den Tagen Joathans, Achaz und Ezechias, der Könige von Juda, welches er über Samaria und Jerusalem schaute.

2 Höret alle Völker, es vernehme die Erde und ihre Fülle, und es sei Jehova der Herr unter euch zum Zeugen, der Herr von seinem heiligen Tempel aus. **3** Denn siehe, Jehova geht von seinem Orte hervor und steigt herab und schreitet über die Höhen der Erde. **4** Und es zergehen unter ihm die Berge, und die Thäler spalten sich, wie Wachs vor dem Feuer, wie Wasser hingegossen am Abhange. **5** Für den Abfall Jakobs ist alles dieses und für die Sünden des Hauses Israel. **6** Wer ist der Abfall Jakobs? Ist es nicht Samaria? Und wer die Höhen Juda's? Ist es nicht Jerusalem? **6** Und ich mache Samaria zum Steinhaufen des Feldes, zu Weinbergspflanzungen, und ich schütte seine Steine ins Thal, und entblöße seine Fundamente. **7** Und alle seine Götzen werden zerschmettert, und alle seine Gaben durch Feuer verbrannt, und alle seine Bilder mache ich zur Verwüstung, denn von Hurenlohn hat es (sie) gesammelt, und zu Hurenlohn sollen sie zurückkehren. **8** Darum will ich klagen und heulen, entblößt und nackt einhergehen; ich will Klage halten gleich den Schakalen, und Trauer, wie die Strauße. **9** Denn unheilbar sind seine Schläge, denn es kam bis Juda, man schlug an das Thor meines Volkes, an Jerusalem. **10** Nicht verkündet in Geth, weinet nicht; zu Hause in Aphra wälzte ich mich in Staub. **11** Ein

Hebräer ist euch, Bewohner von Schafir, eine Schandentblößung, nicht kam hervor die Bewohnerschaft Saanans, denn das Klaggeschrei des Hauses der Nachbarschaft nimmt von euch seinen Bestand weg; [12] denn es hoffte die Bewohnerschaft von Bitterkeiten auf Gutes, wenn ein Unheil von Jehova zum Thore Jerusalems herabkam. [13] Binde den Wagen an den Renner, Bewohnerin von Lachis, dieses ist der Anfang der Sünde für das Haus Sions, denn in dir fanden sich die Sünden Israels. [14] Darum gib Verzicht auf Moreseth (Besitz) von Geth. Die Häuser Achsibs sind den Königen Israels zum Trugbache. [15] Noch bringe ich dir, Bewohnerin von Maresa (Erbsitz) einen Erben; bis Abullam kommt die Herrlichkeit Israels. [16] Mache kahl und scheere dich über die Söhne deiner Wonnen, mache breit deine Glatze wie der Adler, denn sie sind fortgezogen von dir.

[2] Wehe denen, die Unheil sinnen, und Böses vollbringen auf ihren Lagern; beim Lichte des Morgens führen sie es aus, denn ihre Hand ist ihnen zum Gotte. [2] Und sie verlangen nach Aeckern und rauben, nach Häusern und nehmen (sie), sie überwältigen den Mann und sein Haus, den Menschen und sein Erbe. [3] Darum sprach also Jehova der Herr: Siehe, ich sinne Unheil über dieses Geschlecht, aus dem ihr eure Hälse nicht herausziehet, und nicht sollet ihr stolz gehen, denn es ist eine böse Zeit. [4] An diesem Tage hebt man über euch ein Sprichwort an und klagt ein Klagelied. Es ist aus, sprach man, wir sind verwüstet; den Antheil meines Volkes vertauscht man. Wie man mir entzieht, vertheilt man unsre Aecker dem Heiden. [5] Darum wird dir keiner sein, der die Meßschnur zieht auf dem Antheile in der Gemeinde Jehovas. [6] „Prediget nicht" wird man predigen. Nicht wird man diesen predigen, nicht weicht die Schmähung, [7] daß gesagt wird: Haus Jakobs! ist Jehova zornmüthig, oder sind dieses seine Werke? Sind meine Worte nicht gütig gegen den, der rechtschaffen wandelt? [8] Aber längst erhebt sich mein Volk als Feind; fort von dem Kleide nimmt man den Mantel von den sorglos Vorüberziehenden, die abgewandt vom Kriege sind. [9] Die Weiber meines Volkes vertreibet ihr, von dem Hause seine Wonnen; von seinem Unmündigen nehmet ihr fort mein Lob auf immer. [10] Sehet auf und gehet, denn dies ist keine Ruhestätte, da eine Verunreinigung Verderben bringt und das Verderben gewaltig wurde. [11] Wenn ich als Mann, der nach Wind wandelte und Trug löge, dir beim Weine

und Berauschenden predigte, so wäre ich ein Prediger für dieses Volk.

b. Zweiter Theil.

K. 2,12 — K. 5.

Dieser Theil ist dreigliedrig; in dem ersten Gliede K. 2,12 — K. 3. wird eine Wiedersammlung des Volkes aus einer Zerstreuung, welche durch die Sünden des Volkes herbeigeführt ist, verheißen. Diese Sammlung ist eine Vorbereitung und ein Abbild einer spätern Sammlung, die K. 3 geschildert wird. Diese besteht in dem Aufbau der Kirche, welche nach Babel, d. h. nach Rom übersiedeln und dort in schwerem Kampfe große Völker überwinden soll. Im dritten Gliede, K. 5. schildert der Prophet das Haupt dieses Reiches, das aus Bethlehem hervorgehen und die Völker überwinden wird.

¹² Sammeln will ich, Jakob! dich ganz, versammeln will ich den Rest Israels; zusammen will ich ihn bringen wie die Schafe Bosras, sie werden tosen vor Menschen wie eine Herde in ihrer Hürde. ¹³ Vor ihnen zog der Durchbrecher her, sie brachen aus, gingen durch das Thor und zogen durch dasselbe hinaus, und ihr König zog vor ihnen her und Jehova an ihrer Spitze.

Der Ausbruch unter der Anführung Jehovas, der Israel zusammenbringt, steht im Gegensatze zu der im Folgenden geschilderten Verfolgung, die von den Häuptern des Volkes ausgeht.

³,¹ Und ich sprach: Höret doch Häupter Jakobs und Fürsten des Hauses Israel; ist es nicht an euch, das Recht zu kennen? ² Ihr hasset Gutes und liebet Böses, ihr ziehet ihre Haut von ihnen ab und ihr Fleisch von ihren Knochen. ³ Aber die das Fleisch meines Volkes aßen und ihre Haut von ihnen schunden und ihre Gebeine zerbrachen und zerschnitten wie das im Topfe und wie Fleisch im Kessel, ⁴ sie werden dann rufen zu Jehova, aber er wird sie nicht erhören, sondern sein Angesicht vor ihnen verbergen in dieser Zeit, wie sie ihre Frevel verübten. ⁵ So sprach Jehova über die Propheten, welche mein Volk verführen, welche mit den Zähnen beißen und Frieden predigen, und wer ihrem Munde nicht gibt, wider den weihen sie Krieg. ⁶ Darum Nacht über euch wegen des Gesichtes, und Finsterniß für euch wegen der Wahrsagung, und es geht unter

die Sonne über den Propheten, und es verfinstert sich über ihnen der Tag. ⁷ Und es werden zu Schanden die Seher und es erröthen die Wahrsager und verhüllen den Bart insgesammt, denn Jehova antwortet nicht. ⁸ Ich aber bin erfüllt von Kraft mit dem Geiste Jehovas und von Recht und Stärke, um Jakob seine Schuld und Israel seine Sünde zu verkünden. ⁹ Höret doch dieses, ihr Häupter des Hauses Jakob und ihr Fürsten des Hauses Israel, die das Recht verabscheuen und alles Gerade verdrehen. ¹⁰ Man bauet Sion mit Blut und Jerusalem mit Frevel; ¹¹ seine Häupter richten für Geschenk, seine Priester lehren um Lohn, seine Propheten wahrsagen für Geld, und sie stützen sich auf Jehova, indem sie sprechen: Ist nicht Jehova in unserer Mitte? Kein Uebel kommt über uns. ¹² Darum wird euretwegen Sion als Feld gepflügt, und Jerusalem wird zu Stein=haufen, und der Berg des Tempels zu Waldeshöhen.

⁴,¹ Und es geschieht am Ende der Tage, daß gestellt sein wird der Berg des Hauses Jehovas an die Spitze der Berge und erhaben ist über die Hügel, und Völker strömen zu ihm. ² Und es gehen viele Nationen und sagen: Kommet, lasset uns hinaufziehen zum Berge Jehovas und zum Hause des Gottes Jakobs, damit er uns seine Wege lehre, und wir auf seinen Pfaden wandeln, denn von Sion wird das Gesetz ausgehen, und das Wort Jehovas von Jerusalem. ³ Und er richtet zwischen vielen Völkern und spricht Recht starken Nationen weithin. Und sie schmieden ihre Schwerter zu Pflugscharen und ihre Speere zu Winzermessern. Nicht erhebt eine Nation gegen die andere das Schwert, und nicht mehr lernen sie den Krieg. ⁴ Und sie wohnen, jeder unter seinem Weinstocke und unter seinem Feigen=baume, und keiner schreckt auf, denn der Mund Jehovas der Heer=scharen hat geredet. ⁵ Denn alle Völker wandeln, jedes im Namen seines Gottes, und wir wandeln im Namen Jehovas unsers Gottes auf ewig und immer. ⁶ An diesem Tage, spricht Jehova, sammle ich das Hinkende und führe zusammen das Verstoßene, und was ich beschädigte. ⁷ Und ich mache das Hinkende zu einem Ueberreste und das Entfernte zu einem starken Volke, und Jehova herrscht über sie auf dem Berge Sion von nun an und bis in Ewigkeit. ⁸ Und du Herdenthurm, Hügel der Tochter Sions, zu dir gelangt und kommt die frühere Herrschaft, das Königthum über die Tochter Jerusalems. ⁹ Nun, was klagst du jetzt eine Klage? Ist kein König in dir, oder

dein Berather umgekommen, da dich Wehen wie eine Gebärerin er=
griffen? [10] Kreise und brich hervor gleich einer Gebärenden, Tochter
Sions, denn aus der Stadt wirst du ziehen und auf dem Felde
wohnen und bis Babel kommen. Dort wirst du errettet, dort befreit
dich Jehova von der Hand deiner Feinde. [11] Und jetzt sammelten
sich viele Nationen wider dich, welche sprechen: Es soll entweiht
werden, und unsere Augen sollen auf Sion schauen. [12] Aber sie kennen
die Gedanken Jehovas nicht und verstehen seinen Rathschluß nicht,
daß er sie sammelte wie Garben der Tenne. [13] Stehe auf und drisch,
Tochter Sions! denn dein Horn mache ich eisern und deine Hufe
ehern, und du wirst viele Völker zermalmen, und ihren Erwerb
Jehova weihen und ihren Besitz dem Herrn der ganzen Erde. [14] Jetzt
schartest du dich, Scharentochter, man richtete Belagerung wider dich,
mit dem Stabe schlug man den Richter Israels auf die Wange.

[5,1] Und du Bethlehem Ephrata, zu klein, um unter den Fürsten=
städten Juda's zu sein, aus dir geht mir hervor, um ein Herrscher
in Israel zu sein, und sein Ausgang ist von Anbeginn, von den
Tagen der Ewigkeit. [2] Darum gibt er sie hin bis zur Zeit, daß eine
Gebärerin geboren hat, und der Rest seiner Brüder kehrt zurück
sammt den Söhnen Israels. [3] Und er steht und weidet in der
Kraft Jehovas, in der Hoheit des Namens Jehovas seines Gottes,
und sie wohnen, denn jetzt wird er groß bis zu den Grenzen der
Erde. [4] Und dieser wird Friede sein. Und wenn ein Assur in unser
Land kommt und unsere Paläste betritt, so stellen wir auf wider ihn
sieben Hirten und acht Menschenfürsten. [5] Und sie weiden das Land
Assur mit dem Schwerte und das Land Nimrods in seinen Thoren,
und er errettet vor Assur, wenn er in unser Land kommt und unsere
Grenze betritt. [6] Und der Rest Jakobs wird in der Mitte vieler
Völker sein wie Thau von Jehova, wie Sprühregen auf dem Grase,
der nicht wartet auf Menschen und nicht harret auf Menschenkinder.
[7] Und es ist der Rest Jakobs unter den Nationen inmitten vieler
Nationen wie der Löwe unter den Thieren des Waldes, wie der
Jungleu unter Schafheerden, der wenn er vorübergeht, zertritt und
zerreißt, ohne daß einer rettet. [8] Hoch ist deine Hand über alle deine
Dränger, und alle deine Feinde werden vertilgt. [9] Und es geschieht
an diesem Tage, spricht Jehova, daß ich deine Rosse aus deiner
Mitte vertilge, und ich vernichte deine Wagen. [10] Und ich vertilge

die Städte deines Landes und verwüste alle deine Festungen. ¹¹Und
ich vertilge die Zaubereien aus deiner Hand, und es werden keine
Zeichendeuter in dir sein. ¹²Und ich vertilge deine Götzen und deine
Bilder aus deiner Mitte, und nicht mehr betest du an das Werk
deiner Hände. ¹³Und ich rotte aus deine Haine, und ich zerstöre
deine Städte. ¹⁴Und in Zorn und Grimm übe ich Rache an den
Völkern, welche nicht hörten.

Im letzten Theile V. 9—14. wird das tausendjährige Reich geschildert.

c. Dritter Theil.
K. 6—7.

Nach einer dreifachen Schilderung der Entartung des Volkes Gottes
wird eine Wiederherstellung desselben nach einem scharfen Strafgerichte
angekündigt, die wegen der damit verbundenen allgemeinen Bekehrung noch
jetzt der Zukunft angehört.

¹Höret doch, was Jehova spricht: Stehe auf und rechte mit den
Bergen, und die Hügel mögen deine Stimme hören. ²Höret ihr
Berge! den Rechtsstreit Jehovas, und ihr festen Gründe der Erde,
denn Jehova hat einen Rechtsstreit mit seinem Volke und rechtet
mit Israel. ³Mein Volk! was habe ich dir gethan, und womit
habe ich dich gekränkt? Antworte gegen mich. ⁴Denn ich habe dich
aus dem Lande Aegypten heraufgeführt und dich aus dem Sklavenhause
befreit, und ich sandte vor dir her Moses, Aaron und Maria.
⁵Mein Volk! gedenke doch, was Balak, Moabs König, ersann, und
was Balaam, der Sohn Beors, ihm antwortete; — von Setim bis
Galgala — damit du Jehovas Gerechtigkeit erkennest.

⁶Womit soll ich Jehova entgegenkommen? mich beugen vor dem
Gotte der Höhe? Soll ich vor ihm erscheinen mit Brandopfer, mit
jährigen Kälbern? ⁷Hat Jehova Gefallen an Tausenden von Widdern,
an Zehntausenden von Strömen Oels? — Soll ich hingeben meinen
Erstgeborenen für meine Sünde, meines Leibes Frucht für das Vergehen meiner Seele? ⁸Er verkündete dir, o Mensch, was gut ist,
und was fordert Jehova von dir, als Recht zu thun und Barmherzigkeit zu lieben und demüthig vor deinem Gotte zu wandeln.

⁹Die Stimme Jehovas ruft der Stadt, und dein Name sieht
auf Echtheit; vernehmet eine Züchtigung, und wer es bestellte. ¹⁰Noch

sind das Feuer, Haus des Frevlers! Schätze der Ungerechtigkeit, und das Epha der Minderung ein Fluch. ¹¹Kann ich rein sein bei der Wage der Ungerechtigkeit und bei einem Beutel Steine des Truges, ¹²deren Mächtige voll sind von Gewaltthat, und deren Bewohner Lüge reden, indem ihre Zunge in ihrem Munde Trug ist? ¹³Aber auch ich habe unheilbar gemacht deinen Schlag, die Verwüstung wegen deiner Sünden. ¹⁴Du wirst essen, aber nicht satt werden; und deine Leerheit ist in dir; und du entfernst, aber rettest nicht; und was du rettest, gebe ich dem Schwerte. ¹⁵Du wirst säen, aber nicht ernten; du kelterst Oliven, aber salbest mit Oel dich nicht, Most, aber trinkst keinen Wein. ¹⁶Und man beobachtet die Satzungen Amris und alles Thun des Hauses Achabs, und ihr wandelt nach ihren Rathschlägen, so daß ich dich der Verwüstung übergebe und deren Bewohner dem Spotte, und ihr sollet die Schande meines Volkes tragen.

⁷,¹Wehe mir, ich wurde, als wenn in der Obstlese, als wenn in der Beerennachlese ohne eine Traube meine Seele eine Frühfeige zu essen verlangte. ²Verschwunden ist der Fromme aus dem Lande, und es ist kein Gerechter unter den Menschen, alle lauern auf Blut; ein jeder seinen Bruder jagen sie mit dem Netze. ³Zum Bösen die Hände zu bereiten fordert der Fürst, und der für Vergeltung Richtende und der Große redet das Gelüste seiner Seele, und sie verwickeln es. ⁴Ihr Bester ist, wie ein Dornstrauch gerader ist als eine Dornhecke. Der Tag deiner Wächter, deine Heimsuchung ist gekommen; jetzt soll ihre Verwirrung sein. ⁵Vertrauet nicht auf den Freund, verlaßt euch nicht auf den Vertrauten, vor der an deinem Busen Ruhenden bewache die Thüren deines Mundes. ⁶Denn der Sohn beschimpft den Vater, die Tochter lehnt sich auf wider ihre Mutter, die Schwiegertochter wider ihre Schwiegermutter, und des Menschen Feinde sind seine Hausgenossen.

⁷Ich aber will auf Jehova schauen, harren auf den Gott meines Heiles; mein Gott wird mich erhören. ⁸Freue dich nicht über mich, meine Feindin; denn fiel ich, so stand ich auf; wenn ich in Finsterniß wohne, ist Jehova mir Licht. ⁹Den Zorn Jehovas will ich, da ich wider ihn sündigte, tragen, bis er streiten wird meinen Streit und mir Recht schafft; er wird mich ans Licht bringen, und ich werde seine Gerechtigkeit schauen. ¹⁰Und es sieht meine Feindin, und Scham

bedeckt sie, die wider mich spricht: „Wo ist Jehova dein Gott?" Meine Augen werden auf sie schauen, jetzt wird sie zur Zertretung wie Gassenkoth. [11] Es gibt einen Tag, deine Mauern aufzubauen, diesen Tag ist Schranke fern; [12] ein Tag ist dieser, daß man zu dir kommt von Assur und den Städten Aegyptens, und von Aegypten bis zum Flusse, und bis zum Meere vom Meere, und vom Berge zum Berge. [13] Aber die Erde wird zur Wüste wegen ihrer Bewohner ob der Frucht ihrer Handlungen. [14] Weide dein Volk mit deinem Stabe, bewohne, o Herde! dein Erbtheil abgesondert im Walde inmitten des Karmel. Weiden sollen sie Basan und Galaad wie in den Tagen der Vorzeit. [15] Wie in den Tagen deines Auszugs aus dem Lande Aegypten lasse ich sie Wunder schauen. [16] Nationen werden schauen und sich schämen über alle ihre Stärke, sie legen die Hand auf den Mund, ihre Ohren werden taub. [17] Sie lecken Staub wie die Schlange, wie das Gewürm der Erde; sie zittern hervor aus ihren Schlössern, nahen sich schüchtern Jehova unserm Gotte und fürchten sich vor dir. [18] Wer ist ein Gott, wie du, der die Schuld vergibt und dem Ueberbleibsel seines Erbtheils die Sünde übergeht. Nicht hält er fest auf immer seinen Zorn, denn er hat Wohlgefallen an Gnade. [19] Er wird sich unser wieder erbarmen, niedertreten unsere Vergehen, und alle unsere Sünden in die Tiefen des Meeres werfen. [20] Du wirst Jakob Wahrheit, dem Abraham Gnade erweisen, wie du geschworen hast unsern Vätern von den Tagen der Vorzeit.

II. Zweite Gruppe.

Joel, Abdias, Jonas, Nahum, Habakuk.

Die in der ersten Gruppe enthaltene Idee des Tages des Herrn wird von Joel weiter entwickelt und in vier Momente entfaltet. Diese sind: 1. der Eintritt des messianischen Heiles, 2. das Ende, 3. zwei dem Eintritte des messianischen Heiles vorhergehende Strafgerichte, 4. zwei die diesen beiden Strafgerichten parallele, welche dem Ende vorhergehen sollen. Die beiden folgenden prophetischen Bücher dieser zweiten Gruppe, Abdias und Jonas, entwickeln zwei mit dem Eintritte des messianischen Reiches zusammenhangende Momente, und die beiden letzten, Nahum und Habakuk verkünden den Untergang von Ninive und den von Babel, welche Vorbilder der beiden dem Ende des messianischen Reiches vorhergehenden Katastrophen sind. In der ersten Gruppe entwickelt Osee aus der Geschichte Israels die messianischen Ideen, von Amos und Michäas werden sie fortgebildet, aber mit dem Unterschiede, daß bei Amos mehr das Strafgericht des großen kommenden Tages hervortritt, bei Michäas dagegen das durch den Messias eintretende Heil. Die zweite Gruppe schließt sich nun an Amos an.

1. Joel.

Eine Vergleichung von Joel 2,11. mit Amos 5,18; Joel 4,16. mit Amos 1,2; und Joel 4,18. mit Amos 9,13. zeigt deutlich, daß die genannten Stellen bei Amos in größerer Ursprünglichkeit, bei Joel dagegen in einer mehr fortentwickelten Gestalt vorkommen; Joel hat demnach nicht vor Azarias und Jeroboam II. gelebt. Da Joel 1,15; 2,10; und 3,13. in Jsai 13, 6—10., welches Stück aus der Zeit des Achaz ist, angewendet erscheint, und im Buche Joel keine Spur von einer Herrschaft der Abgötterei vorkommt, so muß es vor Achaz verfaßt sein, also

in der Zeit des Azarias oder Joathan. Es besteht aus zwei viergliedrigen
Hälften; in der ersten, K. 1—2, 17. beschreibt der Prophet zuerst 1, 1—12.
eine furchtbare Verwüstung durch Heuschrecken und fordert dann V. 13—20.
das Volk zum Gebete um Abwendung des Unheils auf. In 2, 1—11.
wird der Verwüster zum zweiten Male geschildert und zwar in einer Weise,
welche das Heuschreckenheer als ein Bild einer feindlichen Verheerung erscheinen läßt. In der darauf folgenden Ermahnung zur Buße V. 12—17.
wird dann am Schlusse der Sinn der bildlichen Darstellung enthüllt.

In der zweiten Hälfte verheißt der Prophet dem von einem Strafgerichte heimgesuchten Volke in V. 18—27. großen Segen, im zweiten
Gliede 3, 1—5. verkündet er die Ausgießung des h. Geistes und verbindet
mit diesem Anfange des messianischen Reiches das Ende der Welt. Diesem
Ende gehen nach K. 4 zwei große Katastrophen vorher, die in V. 1—8.
und 9—21. geschildert werden. Diese Momente werden als der Tag
des Herrn geschildert, dem die in der ersten Hälfte der Weissagung Joels
geschilderten Strafgerichte durch die Assyrer und Chaldäer vorhergehen.

A. ¹Das Wort Jehovas, welches an Joel, den Sohn Phatuels, erging.
²Höret dieses, ihr Greise, und vernehmet alle Bewohner des Landes:
Geschah dieses in euren Tagen oder in den Tagen eurer Väter?
³Davon erzählet euren Söhnen, und eure Söhne ihren Söhnen,
und deren Söhne dem spätern Geschlechte. ⁴Den Rest des Abfressers
fraß der Verzehrer, und den Rest des Verzehrers fraß der Abweider,
und den Rest des Abweiders fraß der Abstreifer. ⁵Erwachet, Trunkene!
und weinet, und heulet, alle Weintrinker, über den Most, denn er
ist eurem Munde entrissen. ⁶Denn über mein Land kam ein Volk,
gewaltig und ohne Zahl; seine Zähne sind Löwenzähne, und es hat
das Gebiß der Löwin. ⁷Meinen Weinstock machte es zur Wüste
und meinen Feigenbaum zu Reisern, es hat ihn geschält und hin-
geworfen, und seine Zweige wurden weiß. ⁸Klage (o Juda) wie
eine in Sack gegürtete Jungfrau um den Gemahl ihrer Jugend.
⁹Vernichtet ist Speisopfer und Trankopfer vom Hause Jehovas; es
trauerten die Priester, die Diener Jehovas. ¹⁰Verwüstet ist das
Feld, es trauerte der Acker, denn es wurde das Korn verwüstet, es
verdorrte der Most, es verwelkte das Oel. ¹¹Zu Schanden sind
geworden die Ackerer, es heulten die Winzer über Weizen und Gerste,
denn es verdarb die Ernte des Feldes. ¹²Der Weinstock verdorrte,
der Feigenbaum verwelkte; der Granatbaum, auch die Palme und

4 *

der Apfelbaum, alle Bäume des Feldes vertrockneten, verschwunden
ist die Freude von den Menschenkindern.

[13] Verhüllet euch und klaget, ihr Priester, heulet, ihr Diener des
Altares! Kommet, übernachtet in Säcken, ihr Diener meines Gottes,
denn entzogen ist Speisopfer und Trankopfer dem Hause eures
Gottes. [14] Weihet ein Fasten, berufet eine Versammlung, versammelt
die Greise, alle Bewohner des Landes zum Hause Jehovas eures
Gottes, und rufet zu Jehova: [15] „Wehe dem Tage! denn nahe ist
der Tag Jehovas und kommt wie Verwüstung vom Allmächtigen.
[16] Ist nicht vor unsern Augen die Speise vernichtet, und vom Hause
Jehovas Freude und Jubel? [17] Die Körner vermulmten unter ihren
Schollen, die Speicher veröbeten, die Scheunen verfielen, denn es
verging das Korn. [18] Wie stöhnte das Vieh, bestürzt wurden die
Rinderherden, denn sie haben keine Weide; es büßten selbst die
Herden der Schafe. [19] Zu dir, Jehova, rufe ich, denn Feuer ver=
zehrte die Auen der Trift, und die Flamme versengte alle Bäume
des Feldes. [10] Auch die Thiere des Feldes lechzen zu dir, denn die
Wasserbäche versiegten und Feuer verzehrte die Auen der Trift."

[2,1] Stoßt in die Posaune auf Sion und erhebet Feldgeschrei auf
dem Berge meines Heiligthums! Erzittern sollen alle Bewohner der
Länder, denn es kam der Tag Jehovas, denn er ist nahe. [2] Ein
Tag der Finsterniß und des Dunkels, ein Tag des Gewölkes und
der Düsterheit, wie ein Morgenroth über die Berge hingebreitet;
ein großes und gewaltiges Volk, seinesgleichen ist nicht gewesen von
Ewigkeit und wird nach ihm nicht wieder sein bis zu den Jahren
von Geschlecht und Geschlecht. [3] Vor ihm fraß Feuer, und hinter
ihm versengt eine Flamme. Wie der Garten Edens war das Land
vor ihm, und hinter ihm ist eine Wüste der Veröbung, der auch
nichts Entronnenes blieb. [4] Gleich dem Aussehen der Rosse ist sein
Aussehen, und wie Reiter rennen sie. [5] Sie springen gleich dem
Rasseln der Wagen auf den Gipfeln der Berge, wie das Geräusch
der Flamme des Feuers, die Stoppeln frißt, wie ein gewaltiges zum
Kriege gerüstetes Volk. [6] Völker erzittern vor ihm, jedes Antlitz
zieht ein die Röthe. [7] Sie rennen wie Helden, ersteigen wie Kriegs=
männer die Mauer; sie gehen, ein jeder auf seinem Wege, und ihre
Pfade wechseln sie nicht. [8] Nicht drängen sie einer den andern; sie
gehen, ein jeder auf seiner Bahn; sie stürzen in Geschoß ohne zu

verletzen. ⁹ Sie schwärmen in der Stadt, rennen auf der Mauer, steigen in die Häuser, kommen durch die Fenster wie der Dieb. ¹⁰ Vor ihnen erbebte die Erde, brauste der Himmel, Sonne und Mond verfinsterten, und die Sterne verloren ihren Glanz. ¹¹ Und Jehova erhob seine Stimme vor seinem Heere, denn sehr groß ist sein Lager, denn gewaltig ist der Vollzieher seines Wortes; denn groß ist der Tag Jehovas und sehr furchtbar, und wer wird ihn ertragen?

¹² Und auch jetzt, spricht Jehova, kehret um zu mir von eurem ganzen Herzen, und mit Fasten und mit Weinen und mit Klage. ¹³ Und zerreißet eure Herzen und nicht eure Kleider, und kehret um zu Jehova eurem Gotte, denn er ist gnädig und barmherzig, langmüthig und groß an Güte und läßt sich des Uebels gereuen. ¹⁴ Wer weiß? er läßt sich wieder gereuen, und läßt hinter sich Segen zurück, Speisopfer und Trankopfer für Jehova unsern Gott. ¹⁵ Stoßet in die Posaune auf Sion, weihet ein Fasten, berufet eine Versammlung. ¹⁶ Versammelt das Volk, weihet eine Zusammenkunft, vereinigt die Greise, versammelt die Kinder und die Säuglinge; es gehe der Bräutigam aus seiner Kammer und die Braut aus ihrem Gemache. ¹⁷ Zwischen der Halle und dem Altare sollen die Priester, die Diener Jehovas, weinen und sprechen: Verschone, Jehova! dein Volk; übergib dein Erbe nicht der Schmach, daß Nationen über sie herrschen, warum soll man unter den Völkern sagen: Wo ist ihr Gott?

B. ¹⁸ Und Jehova eiferte für sein Land, und erbarmte sich seines Volkes. ¹⁹ Und Jehova antwortete und sprach zu seinem Volke: Siehe, ich sende euch das Korn und den Most und das Oel, und ihr sollet euch daran sättigen, und ich will euch nicht mehr zur Schmach unter den Nationen hingeben. ²⁰ Und den Nordländer entferne ich von euch und stoße ihn in ein dürres und ödes Land, seinen Vortrab ins Ostmeer und seinen Nachtrab ins Westmeer; und sein Gestank steigt auf und sein Moder erhebt sich, denn er hat groß gethan. ²¹ Fürchte dich nicht, Land, frohlocke und freue dich, denn Jehova hat Großes gethan. ²² Ihr Thiere des Feldes, fürchtet euch nicht, denn es grünten die Auen der Trift, denn der Baum trug seine Frucht, der Feigenbaum und der Weinstock gaben ihren Ertrag. ²³ Und ihr Söhne Sions, frohlocket und freuet euch in Jehova eurem Gotte, denn er gab euch Saatregen zur Genüge, und er sandte euch Regen der Saat und Nachregen im ersten (Monate). ²⁴ Und die Tennen füllen sich von Korn, und die Kufen fließen über von Most und Oel. ²⁵ Und ich ersetzte euch die Jahre, welche der Verzehrer und der Abweider und der Abstreifer und der Abfresser (die Heuschrecken), mein großes Heer, das ich unter euch sandte, verzehrten. ²⁶ Und ihr sollet essen und euch sättigen, und den Namen Jehovas eures Gottes preisen, der wunderbar mit euch verfuhr, und mein Volk soll in Ewigkeit nicht zu Schanden werden. ²⁷ Und ihr erfahret, daß ich in der Mitte Israels bin, und ich bin Jehova euer Gott, und keiner sonst; und mein Volk soll in Ewigkeit nicht zu Schanden werden.

³'¹ Und es geschieht nachher, daß ich meinen Geist ausgieße über alles Fleisch, und eure Söhne und Töchter werden weissagen, eure Greise werden Träume träumen, und eure Jünglinge Gesichte sehen. ² Und auch über die Knechte und Mägde werde ich in diesen Tagen meinen Geist ausgießen. ³ Und ich gebe Wunderzeichen am Himmel und auf Erden, Blut und Feuer und Rauchsäulen. ⁴ Die Sonne verwandelt sich in Finsterniß, und der Mond in Blut, bevor der Tag Jehovas kommt, der große und furchtbare. ⁵ Und es geschieht, jeder, der den Namen Jehovas anruft, wird gerettet, denn auf dem Berge Sion und in Jerusalem wird Rettung sein, wie Jehova gesprochen hat, und unter den Entkommenen die, welche Jehova ruft.

⁴'¹ Denn siehe, in diesen Tagen und in dieser Zeit ist es, daß ich die Gefangenschaft Juda's und Jerusalems wende. ² Und ich versammle alle Völker und bringe sie in das Thal Josaphat, und dort rechte ich mit ihnen über mein Volk und mein Erbtheil Israel, das sie unter die Völker zerstreuten, indem sie mein Land theilten. ³ Und über mein Volk warfen sie das Loos und gaben den Knaben für eine Hure, und das Mädchen verkauften sie für Wein und tranken. ⁴ Und was auch wollet ihr mir, Thyrus und Sidon und alle Landschaften Philistäas? Wollet ihr eine That vergelten wider mich, oder eine That gegen mich ausführen? Schnell, plötzlich wende ich eure That auf euer Haupt zurück, ⁵ daß ihr mein Silber und mein Gold nahmet und meine guten Kleinode in eure Tempel brachtet. ⁶ Und die Söhne Juda's und die Söhne Jerusalems verkauftet ihr den Söhnen der Griechen, um sie von ihrer Grenze zu entfernen. ⁷ Siehe, ich erwecke sie von dem Orte, wohin ihr sie verkauftet, und wende

eure That auf euer Haupt. ⁸ Und ich verkaufe eure Söhne und eure
Töchter durch die Hand der Söhne Juda's, und sie verkaufen sie
an die Sabäer, ein fernes Volk; denn Jehova hat geredet.

⁹ Rufet dieses aus unter den Nationen, weihet einen Krieg, er=
wecket die Helden; herankommen und hinaufziehen sollen alle Männer
des Krieges. ¹⁰ Schmiedet eure Pflugscharen zu Schwertern und eure
Winzermesser zu Wurfspießen. Er spreche der Schwache: Ich bin
ein Held. ¹¹ Brechet auf und kommet, alle Völker ringsum, und
sammelt euch! Dorthin führte Jehova deine Helden hinab. ¹² Sich
erheben und hinziehen ins Thal Josaphat mögen die Völker, denn
dort werde ich mich setzen, um alle Völker ringsum zu richten.
¹³ Leget die Sichel an, denn die Ernte ist reif; kommet, tretet, denn
die Kelter ist voll, die Kufen fließen über, denn ihre Bosheit ist
groß. ¹⁴ Getümmel, Getümmel im Thale der Entscheidung, denn
nahe ist der Tag Jehovas im Thale der Entscheidung. ¹⁵ Sonne
und Mond verfinsterten sich, und die Sterne gaben ihren Glanz
auf. ¹⁶ Und Jehova ruft laut von Sion, und erhebt seine Stimme
von Jerusalem, und es dröhnen Himmel und Erde, und Jehova ist
seinem Volke eine Zuflucht, und eine Feste den Söhnen Israels.
¹⁷ Und ihr sollet erfahren, daß ich Jehova euer Gott auf Sion, dem
Berge meines Heiligthums wohne, und Jerusalem wird ein Heilig=
thum sein, und Fremde durchziehen es nicht mehr. ¹⁸ Und es ge=
schieht an diesem Tage, daß die Berge von Most triefen und die
Hügel von Milch fließen, und Bäche Juda's von Wasser rinnen;
und eine Quelle geht aus vom Hause Jehovas und tränkt das Thal
Sittim. ¹⁹ Aegypten wird zur Zerstörung und Edom wird zur öden
Wüste wegen des Frevels an den Söhnen Juda's, daß sie in ihrem
Lande unschuldiges Blut vergossen. ²⁰ Und Juda wird auf ewig
bewohnen, und Jerusalem auf Geschlecht und Geschlecht. ²¹ Und ich
sühne ihr Blut, daß ich nicht sühnte, und Jehova wohnt auf Sion.

Daß in K. 3 die Sendung des h. Geistes verkündet ist, unterliegt
keinem Zweifel; der im ersten Gliede des zweiten Theiles geschilderte
Segen muß sich wegen des Zusammenhanges mit dem zweiten Gliede auf
das messianische Heil beziehen. Die bildliche Darstellung dieses Heiles
entspricht der im ersten Theile enthaltenen bildlichen Darstellung zweier
Unglückszeiten, die dem messianischen Heile vorhergehen. Diesen beiden
Zeiten, der assyrischen und der chaldäischen entsprechen dann die beiden

Bedrängnißzeiten, welche der Vollendung der messianischen Heiles vor=
hergehen.

2. Abdias.

Die am Ende der Weissagung des Abbias vorkommende Landesvertheil=
lung schließt eine Aufhebung der von Mohses angeordneten und theilweise
ausgeführten Vertheilung in sich und deutet dadurch eine Aufhebung des
alten Volksbestandes Israels an. Diese Aufhebung findet in der Ge=
schichte eine doppelte Verwirklichung: 1. eine vorbildliche durch die assyrische
und babylonische Gefangenschaft, und 2. die mit dem Auftreten des Messias
verbundene Zerstreuung des ungehorsamen Volkes. Die letztere ist der
eigentliche Standpunkt der prophetischen Rede, welche den Gegensatz ent=
wickelt zwischen dem eigentlichen Israel, welches den messianischen Segen
aufnahm, und dem neuen Edom, welches diesen von sich stieß. Dieses
Edom befeindet das neue Israel, wie Esau den Jakob und die Edomiter
das jüdische Volk befeindeten, wird aber von seinen Bundesgenossen in
diesem Kampfe, den Römern, vernichtet. Die Betheiligung der Edo=
miter an der Zerstörung Jerusalems durch die Chaldäer und die spätere
Unterwerfung Edoms sind für den Prophet Mittel für die Darstellung
des messianischen Inhaltes von Joel 2, 18—27., ohne daß jedoch die
Verwirklichung des Bildes, die bei Jeremias in den Vordergrund tritt,
ausgeschlossen ist. Ob das Bild eine Verwirklichung erhalten werde, die
dann eine Realweissagung der eigentlichen Erfüllung abgab, konnte vor
der Weissagung des Jeremias zweifelhaft bleiben, da Abbias zur Dar=
stellung der Schlußentwicklung des Verhältnisses zwischen Israel und Edom
die im Pentateuche und in den historischen Büchern enthaltenen Ereignisse,
die aus diesem Verhältnisse entsprossen waren, zu einem Bilde einer feind=
lichen Eroberung gestalten konnte. Da auch dieses Bild durch die chal=
däische Eroberung Jerusalems seine besondere Verwirklichung vor der
Erfüllung des eigentlichen idealen Inhaltes erhalten hat, so besitzt die
Weissagung eine Doppelseitigkeit.

Die Weissagung besteht aus zwei Hälften B. 1—9, und B. 10—21.
In der erstern, welche den Untergang Edoms schildert, findet sich in den
Ausbrücken eine mehrfache Berührung mit Jeremias, vgl. 1—8 mit Jer.
49, 7. 9. 10. 14—16; und da dieses Gemeinschaftliche bei Abbias ein=
heitlicher und ursprünglicher erscheint, wie bei Jeremias, so muß letzterer

den erstern benutzt haben. Ein ähnliches Verhältniß findet sich im zweiten Theile zwischen Abdias und Joel, vgl. Ab. 10 — Joel 4, 19; Ab. 11 — Jo. 4, 3; Ab. 15 — Jo. 4, 14; Ab. 17 — Jo. 3, 5. und da das Gemeinschaftliche bei Joel einheitlicher und ursprünglicher erscheint, so muß Abdias den Joel benutzt haben. Durch diese Anlehnung an den zweiten Theil Joels vertieft sich die Weissagung des Abdias zu einer eschatologischen, und dadurch erhält die ideale Landesvertheilung einen dem messianischen Reiche angehörenden Inhalt.

¹ Gesicht des Abdias. So sprach Jehova der Herr gegen Edom: Eine Kunde haben wir von Jehova vernommen, und ein Bote ist unter die Völker gesandt: Auf! und wir wollen uns wider jenes (Edom) zum Kriege erheben. — ² Siehe, klein machte ich dich unter den Völkern, sehr verachtet bist du; ³ der Stolz deines Herzens betrog. Wohnend in Felsschluchten der Höhe seines Sitzes spricht er in seinem Herzen: Wer stürzt mich hinab zur Erde? — ⁴ Wenn du erhöhest gleich dem Adler, und wenn du unter die Sterne setzest dein Nest, so stürze ich dich von dort, spricht Jehova. ⁵ Wenn Diebe zu dir kamen, wenn nächtliche Räuber, werden sie nicht, wie du verwüstet wurdest, ihren Bedarf stehlen? wenn Winzer zu dir kamen, werden sie nicht Nachlese übrig lassen? ⁶ Wie wurde Esau durchforscht, seine Schätze gesucht? ⁷ Bis zur Grenze schickten dich alle Männer deines Bundes. ⁸ Es hintergingen und überwältigten dich die Männer deines Friedens; dein Brod machen sie zum Fallstrick unter dir, ohne daß darauf ein Merken ist. ⁸ Ist es nicht an diesem Tage, spricht Jehova, daß ich die Weisen aus Edom und Einsicht vom Gebirge Esaus vernichte? ⁹ Und es verzagen die Helden Themans, damit der Mann vom Gebirge Esaus durch Mord ausgerottet werde.

¹⁰ Wegen der Befeindung deines Bruders Jakob soll Schande dich bedecken, und du wirst auf ewig ausgerottet. ¹¹ Am Tage, da du gegenüber standest, am Tage da Feinde seine Habe wegführten, und Fremde in seine Thore kamen und über Jerusalem das Loos warfen, bist auch du wie einer von ihnen. ¹² Aber schaue nicht auf den Tag deines Bruders, auf den Tag seines Verhängnisses, und freue dich nicht über die Söhne Juda's am Tage ihres Verderbens, und reiße dein Maul nicht auf am Tage der Bedrängniß. ¹³ Komme nicht in das Thor meines Volkes am Tage ihrer Noth; schaue nicht auch du

auf sein Elend am Tage seiner Noth) und sende nicht eine Menge
nach seiner Habe am Tage seiner Noth. [14] Und stehe nicht am
Scheidewege, um seine Flüchtlinge zu morden, und liefere nicht aus
seine Uebriggebliebenen am Tage der Bedrängniß.

תִּשְׁלַחְנָה in V. 13. ist in zwei Wörter תִּשְׁלַח und נָד zu trennen,.
letzteres kommt auch Ez. 7, 11. vor und bedeutet Volksgetümmel.

[15] Denn nahe ist der Tag Jehovas über alle Völker; wie du
thatest, wird dir geschehen, deine That kommt auf dein Haupt zurück.
[16] Denn wie ihr auf dem Berge meines Heiligthums tranket, werden
alle Völker fortwährend trinken, sie trinken und schlürfen und werden,.
als waren sie nicht. [17] Aber auf dem Berge Sion wird ein Ueber=
bleibsel sein, und er wird ein Heiligthum; und das Haus Jakobs
nimmt seine Besitzungen in Besitz. [18] Und das Haus Jakobs wird
ein Feuer, und das Haus Josephs zur Flamme, und das Haus
Esaus zu Stoppeln, und sie verbrennen sie und verzehren sie, und
dem Hause Esaus bleibt kein Uebriggebliebener, denn Jehova hat
geredet. [19] Und es nimmt in Besitz der Süden das Gebirge Esaus
und die Niederung die Philister, und sie nehmen in Besitz das Ge=
filde Ephraims und das Gefilde Samarias, aber Benjamin das
Galaad, [20] und die Verbannten dieses Gebietes der Söhne Israels
das, was der Kanaaniter bis Sarepta ist, und die Verbannten Je=
rusalems, die in Sepharad sind, nehmen die Städte des Südens in.
Besitz. [21] Und es ziehen Retter auf den Berg Sions, um das Ge=
birge Esaus zu richten, und das Reich wird Jehovas sein.

Sepharad wird auf Sardes, auf Sparta und auf Spanien gedeutet;.
am wahrscheinlichsten ist es ein Gebiet Kleinasiens.

3. Jonas

Zur Ermittelung der Zeit des Propheten Jonas leistet die assyrische.
Zeitrechnung in Verbindung mit der hebräischen die besten Dienste. Von
Menahem, dessen Regierungszeit nach dem Buche der Könige im Jahre 746
beginnt und wahrscheinlich bis in 735 dauert, sind zwei Gleichzeitigkeiten.
mit assyrischen Königen bekannt; im Anfange seiner Regierung kam er
mit Phul in Berührung, und eine assyrische Inschrift aus dem 8. Jahre
des Tiglat Pilezer II. nennt ihn unter den tributpflichtigen Vasallen.
Es ist demnach in den chaldäischen Jahren 746—743 in Assyrien ein

Regentenwechsel eingetreten. Da Tiglat Pilezer II. in seinen Inschriften eben so wie Sargin nie seine Vorfahren nennt, so ist dieser Regenten= wechsel ein Dynastiewechsel. Der bekannte chronologische Kanon der assyrischen Inschriften gibt für Salmanassar V. eine Regierungszeit von 34 Jahren an, und für seine Nachfolger bis Tiglat Pilezer II. nach Pauly's Realencyclopäd. einen Zeitraum von 80 Jahren, zusammen also 114 Jahre. Der Anfang seiner Regierung fällt demnach in die Jahre 827—824. Von Salmanassar V. sind aus assyrischen Inschriften zwei Gleichzeitigkeiten mit israelitischen Königen bekannt, 1. mit Jehu, der nach dem Buche der Könige in den jüdischen Jahren 845—818 regierte, und 2. mit Achab, dessen Regierung nach dem Buche der Könige in die jüdischen Jahre 876—855, also in die chaldäischen Jahre 877 - 856 fällt Diese letztere Gleichzeitigkeit eignet sich zur genauern Bestimmung der Anfangszeit der Regierung Salmanassar's V. 860—857, da die beiden Jahre 57 und 56 nicht für 6 Feldzüge ausreichen, der 6te Feldzug also, in welchem Achab mit den Feinden Salmanassar's verbündet war, einige Jahre nach dem Regierungsantritte Salmanassars V. erfolgte, und dieser Regierungs= antritt wenigstens nicht nach dem Jahre 58 war und somit in die Jahre 860—858 fällt. Daraus ergibt sich nun für den Regierungsantritt des Tiglat Pilezer II. die Zeit 746—744. Mit diesem Dynastiewechsel hängt ohne Zweifel der Anfang der Aera Nabonassars zusammen, deren erstes Jahr 745 ist, so wie auch der Abfall der Meder. Für die Zeit der Herrschaft der Meder gibt Herodot 128 Jahre und für die Scythen= herrschaft 28 Jahre, zusammen also 156 Jahre an. Da die Mederherr= schaft durch die Niederlage des Khaxares I. im Jahre 586 endete, so würde sich für ihren Anfang aus der Zusammenzählung von 586 und 156 das Jahr 742 ergeben, was mit dem Anfange der Aera Nabonassars sehr nahe zusammentrifft, indem zwischen dem Abfalle von Assyrien und der Ausbreitung der Mederherrschaft einige Jahre verflossen. Herodot läßt den medischen Abfall ganz deutlich der Regierung des Dejokes, dem bei Ktesias ein Artias entspricht, vorhergehen, gibt aber für die Zeit des Abfalls keinen Fürsten an; Ktesias hat dagegen vor Artias den Sosarmus mit 30 J. und vor diesem den Mandaukus mit 50 J., und unter diesem müßte der Abfall erfolgt sein, falls die Liste des Ktesias bis dahin richtig ist. Nach Ktesias soll aber, falls seine Angaben nicht von Andern ent= stellt sind, nicht Mandaukus, sondern ein diesem vorhergehender Arbakes der Zerstörer Ninives sein. Da aber Assyrien nach den Inschriften um diese Zeit im ruhigen Besitze von Medien und Persien war, so kann die Geschichte von Arbakes und Belesys nur eine Verwechselung mit der Vernichtung des assyrischen Reiches durch Nabopolassar und Kyaxares I. sein, welch letzterer im Buche Judith ganz richtig Arphaxad genannt wird. Da auch der chronologische Kanon der assyrischen Inschriften von dieser ersten Zerstörung Ninives nichts weiß, so finden die Angaben des Buches Tobias, nach denen Ninive zur Zeit Enemessars fortbestand, eine wichtige Bestätigung. Der vermeintliche Widerspruch dieses Buches mit der Geschichte hat die altjüdische Kritik wahrscheinlich bewogen, dasselbe aus dem Kanon auszuschließen.

Wenn nun auch durch das Buch Tobias und die assyrischen Inschriften der Fortbestand Ninives im 8. Jahrhunderte außer Frage gestellt ist, so war der Dynastienwechsel um 746—744 wahrscheinlich doch mit einer bedeutenden Umwälzung verbunden, in der Assurlikhus, der von den Griechen Sardanapal, und im Buche d. K. nach dem letzten Theile dieses Namens Phul genannt wird, ein tragisches Ende fand, und ein Theil der Stadt zerstört wurde. Da ein Aufstand der Meder und Babylonier eher zur Einigung als zur Entzweiung der Assyrer gedient hätte, so ist der Abfall der Meder und Babylonier wahrscheinlich erst auf den Dynastienwechsel gefolgt, und dieser würde somit ins Jahr 746 fallen, und der assyrische chronologische Kanon böte dann folgende Fortsetzung des Ptolemäischen:

Tiglat Pilezer — 1086 —
Assurbelkala oder Beleus

Belkatirassu oder Beletaras	Anfang der assyrischen Dynastie
Salmanassar III.	zwischen dem altassyrischen und dem
Assuridinakh	neuassyrischen Reiche.
Salmanassar IV.	
Assuridili	
Hulikhus II. 907—887	Anfang des assyrischen Kanons.
Tiglat Samdan 887—881	
Assurnasirpal 881—857	
Salmanassar V. 857—828	
Assurdanipal 828—823	
Samas Hu 823—809	
Hulikhus III. 809—780	

Salmanaffar VI. 880—772
Affuribilili II. 772—754
Affurlifhus 754—746

—

Tiglat Pelezer 745—708

Die Namen und Regierungsdauer der affyrischen Könige in dieser
Liste find nach Dr. M. Busch's deutscher Bearbeitung der alten Geschichte
des Orients von Lenormant

Wie mit dem babylonischen Kanon des Ptolemäus die Zeitrechnung
des Buches der Könige im Einklange steht, so stimmt sie auch mit dem
obigen affyrischen Kanon, wie folgende Fortsetzung der im Anhange zur
Gliederung des Buches Daniel gegebenen Zeit-Tafel zeigt:

Juda.		Israel.	
Roboam	931—915	Jeroboam	932—911
Abiam	915—913		
Afa	913—873		
		Nadab	912—911
		Baafa	911—888
		Ela	888—887
		Zambri	887
		Amri	887—876
		Achab	876—855
Josaphat	873—849	Ochozias	857—856
		stirbt als Mitregent	
Joram	852—845	Joram	856—845
Ochozias	845	Jehu	845—818
Athalia	845—839	Joachaz	818—802
		Joas	802—787.

Die Zahlen dieser Liste sind bei Vergleichung mit affyrischen Angaben
für die Sommerhälfte um 1 zu erhöhen. Zur Bestimmung der Zeit des
Jonas bietet die Regierung des Jeroboam II. 788—748 einen wichtigen
Anhaltspunkt. Die ersten 8 Jahre dieser Regierung fallen mit der Regierung des Hulithus II., unter dem Syrien als tributpflichtig Affyrien
unterworfen war, zusammen, und das letzte Jahr ist nur 7 Jahre nach
dem Anfange der Regierung des Affurlifhus; die Wiedergewinnung von
Emath und Damaskus fällt somit wahrscheinlich in die Zeiten von Salmanaffar VI. und Affuribilili. 780—754., welche bloße Scheinkönige

gewesen sein sollen. Da Jonas diese Wiedergewinnung geweissagt hat, so hat er wahrscheinlich schon in der Anfangszeit der Regierung Jeroboams II. geweissagt. Ueber den Grund seiner Weigerung, die Sendung zu über= nehmen, gibt das Buch seiner Weissagung hinreichenden Aufschluß; er erwartete nicht die Erfüllung der Androhung, sondern umgekehrt eine Be= kehrung der Niniviter und in Folge derselben den Fortbestand Ninives. Da aber die Folgen desselben nach den damaligen politischen Verhältnissen nicht ohne Gefahr für die wiederhergestellte Grenze Israels waren, so hat er wahrscheinlich geglaubt, sich der Mitwirkung an der Gefährdung seines Vaterlandes entziehen zu dürfen. Seine Sendung würde somit wahr= scheinlich in die Zeit Assuribililis II. 772—754 fallen.

Die jüdische Ueberlieferung hält Jonas für den Verfasser der Geschichte seiner Sendung, und es läßt sich dagegen kein triftiger Grund vorbringen. Wenn man früher auf das abgekürzte Relativ als ein Zeichen einer spä= tern Abfassung hinwies, so ist das jetzt nach der genauern Kenntniß des Phönizischen ohne alle Bedeutung. Da die Stelle 4, 2. auf Joel 2, 13. hinweiset, so ist das Buch Joels früher verfaßt als das Buch Jonas, und wegen der Stellung ist wahrscheinlich auch das Buch Abdias älter.

Das Buch Jonas ist anscheinend ein einfacher historischer Bericht über die Sendung dieses Propheten, und seine Aufnahme unter die prophe= tischen Bücher findet nur dann genügende Erklärung, wenn ein Prophet in demselben einen tiefern Sinn fand, nach dem die in demselben ent= haltene Geschichte eine Realweissagung wäre. Auf eine solche wird im n. T. in einer Weise hingewiesen, aus der sich die Bedeutung des Buches zur Genüge ergibt. Das jüdische Volk widersetzte sich seinem Berufe, der alten Heidenwelt zu predigen und gerieth durch seine Widersetzlichkeit da= hin, daß der Messias in die Unterwelt hinabsteigen mußte; aber nach seiner Auferstehung und der Sendung des h. Geistes, an welch letztere der Name des Jonas erinnert, wurde der Heidenwelt das Evangelium mit Erfolg gepredigt. Die Heidenwelt nahm das Heil an, während Israel es von sich stieß oder griesgrämig zuschaute. Wie Abdias sich an Joel 2, 18—27 anschließt, so Jonas an Joel 3, 1—5.

A. [1,1] Und es erging das Wort Jehovas an Jonas, den Sohn Ami= thais, indem er sprach: [2] Steh' auf und gehe nach Ninive, der großen Stadt, und predige wider sie, denn ihre Bosheit ist vor mein An= gesicht gekommen. [3] Und Jonas stand auf, um von dem Antlitze Jehovas nach Tharsis zu entfliehen; und er ging hinab nach Joppe

und fand ein Schiff, das nach Tharsis ging, und er gab das Fahr=
geld und stieg hinein, um mit ihnen nach Tharsis vom Antlitze
Jehovas zu entfliehen. ⁴ Aber Jehova sandte einen starken Wind
auf's Meer und es entstand ein großer Sturm auf dem Meere, und
das Schiff war daran, zu scheitern. ⁵ Und die Schiffer fürchteten
sich und riefen ein jeder zu seinem Gott, und sie warfen die Ge=
räthe, welche im Schiffe waren, ins Meer, um von ihnen zu er=
leichtern. Aber Jonas, hinabgestiegen in das Innere des Schiffes,
lag und schlief. ⁶ Und es trat der Steuermann zu ihm und sprach
zu ihm: Was hast du zu schlafen? Steh' auf und rufe deinen
Gott an! Vielleicht blickt der Gott auf uns, daß wir nicht um=
kommen. ⁷ Und sie sprachen der eine zum andern: Kommet, lasset
uns die Loose werfen und erfahren, wegen wessen wir dieses Unglück
haben. Und sie warfen die Loose, und das Loos fiel auf Jonas.
⁸ Und sie sprachen zu ihm: Zeige uns doch an, weßwegen wir dieses
Unglück haben. Was ist dein Geschäft? und woher kommst du?
welches ist deine Heimath und von welchem Volke bist du? ⁹ Und
er sprach zu ihnen: Ich bin ein Hebräer und verehre Jehova den
Gott des Himmels, der das Meer und das Festland gemacht hat.
¹⁰ Und die Männer fürchteten sich in großer Furcht und sprachen zu
ihm: Was hast du da gethan! denn die Männer erfuhren, daß er
von dem Angesichte Jehovas floh, wie er ihnen mittheilte. ¹¹ Und
sie sprachen zu ihm: Was sollen wir dir thun, damit das Meer von
uns ablasse? Denn das Meer wogte und stürmte. ¹² Und er sprach
zu ihnen: Nehmet mich, und werfet mich ins Meer, und das Meer
wird von euch ablassen, denn ich weiß, daß meinetwegen dieser große
Sturm wider euch ist. ¹³ Und die Männer rangen, um ans Land
zurückzukehren, konnten aber nicht, denn das Meer wogte und stürmte
wider sie. ¹⁴ Und sie riefen zu Jehova und sprachen: Ach, Jehova!
mögen wir doch wegen dieses Mannes nicht untergehen und laß nicht
unschuldiges Blut auf uns lasten! Denn du Jehova! hast gethan,
wie dir gefiel. ¹⁵ Und sie nahmen den Jonas und warfen ihn ins
Meer, und das Meer stand ab von seiner Wuth. ¹⁶ Und die Männer
fürchteten Jehova mit großer Furcht, und sie brachten Jehova Opfer
und gelobten Gelübde.

²⁴ Und Jehova bestellte einen großen Fisch, den Jonas zu ver=
schlingen; und Jonas war drei Tage und drei Nächte im Bauche

des Fisches. ² Und Jonas betete zu Jehova seinem Gotte aus dem
Bauche des Fisches, ³ und er sprach: Ich rief in meiner Noth zu
Jehova, und er erhörte mich; aus dem Schoße der Unterwelt schrie
ich, du hörtest meine Stimme. ⁴ Und du warfest mich in die Tiefe
im Herzen des Meeres und in die Fluth, und mich umgaben alle
deine Brandungen, und deine Wogen gingen über mich. ⁵ Und ich
sprach: Ich bin verstoßen aus deinen Augen, doch will ich wieder
nach deinem heiligen Tempel hinschauen. ⁶ Mich umschlossen Wasser
bis an die Seele, der Abgrund umgibt, und Schilf ist um mein
Haupt geschlungen. ⁷ Zu den Gründen der Berge stieg ich hinab,
die Erde ist ihre Riegel über mir auf ewig; aber du Jehova mein
Gott brachtest mein Leben aus der Grube empor. ⁸ Als meine Seele
bei mir hinschwand, gedachte ich Jehovas; und zu dir kam mein
Flehen in deinen heiligen Tempel. ⁹ Die eitle Nichtigkeiten halten,
verlieren ihr Heil. ¹⁰ Aber ich will mit der Stimme des Dankes dir
opfern, was ich gelobte, erfüllen. Bei Jehova ist Heil. ¹¹ Und Je=
hova gebot dem Fische, und er spie den Jonas ans Land.

B. ³,¹ Und es erging das Wort Jehovas zum zweiten Male an Jonas,
indem er sprach: ² Steh' auf und gehe nach Ninive, der großen
Stadt und predige wider sie die Verkündigung, welche ich dir sage.
³ Und Jonas stand auf und ging nach Ninive nach dem Worte
Jehovas. Und Ninive war eine große Stadt Gottes, ein Gang von
drei Tagen. ⁴ Und Jonas begann einen Gang von einem Tage in
die Stadt zu gehen, und er rief und sprach: Noch vierzig Tage, und
Ninive ist zerstört. ⁵ Und es glaubten die Männer von Ninive an
Gott, und sie riefen ein Fasten aus und kleideten sich in Säcke vom
Größten bis zum Kleinsten unter ihnen. ⁶ Und es gelangte die Sache
an den König von Ninive, und er stand von seinem Throne auf
und legte seinen Mantel ab und kleidete sich in Sack und setzte sich
in Asche. ⁷ Und es riefen und geboten in Ninive durch Befehl der
König und seine Großen, indem sie sprachen: Der Mensch und das
Vieh, die Rinder und die Schafe sollen nichts genießen, nicht weiden
und Wasser nicht trinken. ⁸ Und sich bedecken mit Säcken sollen der
Mensch und das Vieh, und sie sollen laut rufen zu Gott, und um=
kehren ein Jeder von seinem bösen Wege und von dem Frevel, der
in ihren Händen. ⁹ Vielleicht läßt Gott es sich wieder gereuen und
kehrt um von der Gluth seines Zornes, indem wir nicht umkommen.

¹⁰ Und Gott sah ihre Werke, daß sie von ihrem bösen Wege umkehrten, und Gott gereute des Uebels, das er ihnen anzuthun redete und nicht that.

Als Jonas seinen Auftrag vollbracht hatte, errichtete er sich neben der Stadt eine Hütte, um in derselben den Ausgang abzuwarten, und Gott ließ in dieser Zeit den Wunderbaum aufwachsen, um dem Jonas Schatten zu gewähren. Am Ende des vierzigsten Tages, als der Abend des ein und vierzigsten Tages angebrochen war, sah Jonas, daß die Drohung unerfüllt blieb, und ärgerte sich darüber. Noch vor der Nacht wurde er von Gott darüber zurechtgewiesen, und während derselben wurde der Wunderbaum vom Wurme verletzt. Am folgenden Tage murret Jonas bei der Gluth der Sonne noch einmal und wird abermals zurechtgewiesen, und zwar in einer Weise, daß er darauf nicht erwidern kann, sondern abziehen muß.

⁴,¹ Und es verdroß den Jonas als großes Uebel und erzürnte ihn. ² Und er betete zu Jehova und sprach: Ach, Jehova! war das nicht mein Wort, als ich noch in meinem Lande war? Darum kam ich zuvor, um nach Tharsis zu entfliehen, denn ich wußte, daß du ein gnädiger und barmherziger und langmüthiger Gott bist und groß an Gnade, und dich des Uebels gereuen läßt. ³ Und nun, Jehova! nimm doch meine Seele von mir, denn mein Tod ist mir besser, als mein Leben. ⁴ Und Jehova sprach: Ist es recht, daß du zürnest? ⁵ Und Jonas war aus der Stadt gegangen und saß ostwärts bei der Stadt. Und er hat sich dort eine Hütte gemacht, und er saß unter derselben im Schatten, bis er sähe, was mit der Stadt geschähe. ⁶ Und Gott Jehova bestellte einen Wunderbaum, und er wuchs über den Jonas, damit Schatten über seinem Haupte wäre, um ihn von seinem Uebel zu befreien. Und Jonas freute sich über den Wunderbaum mit großer Freude. ⁷ Und Gott bestellte einen Wurm beim Aufsteigen der Morgenröthe für den kommenden Tag, und der stach den Wunderbaum, daß er verdorrte. ⁸ Und es geschah, als die Sonne aufging, daß Gott einen schwülen Ostwind sandte, und es stach die Sonne auf das Haupt des Jonas, daß ihm unwohl wurde, und er verlangte, daß seine Seele stürbe; und er sprach: Mein Tod ist mir besser als mein Leben. ⁹ Und Gott sprach zu Jonas: Ist es recht, daß du wegen des Wunderbaumes zürnest? Und er sprach: Es ist recht, daß ich zürne bis zum Tode. ¹⁰ Und Jehova sprach: Dich hat des

Wunderbaums erbarmt, an dem du dich nicht mühetest und den du nicht auszogest, der ein Sohn einer Nacht war und als Sohn einer Nacht unterging. "Und mich sollte der großen Stadt Ninive nicht erbarmen, in welcher mehr als zwölf Zehntausende von Menschen sind, die nicht zu unterscheiden wissen zwischen rechts und links, und viele Thiere?

4. Nahum.

Da das Buch Nahums die assyrische Eroberung Aegyptens unter Assur= banipal ganz bestimmt erwähnt, so ist es nicht vor 660 verfaßt, und aus 1, 9. wo es heißt, daß nicht zweimal eine Bedrängniß Juda's durch Assur erfolgen soll, scheint sich zu ergeben, daß die Abfassung in die Zeiten der Gefangenschaft des Manasses fällt, etwa 645—640. In 3, 15—17. findet sich eine deutliche Anlehnung an die Schilderung der Heuschrecken= verwüstung bei Joel, nach der in Verbindung der Stellung des Buches in der zweiten Gruppe die Weissagung Nahums eine Fortentwicklung der Weissagung Joels über den Untergang der ersten feindlichen Macht ist, durch welche Israel verwüstet werden sollte. Und wegen der Parallele, in welcher bei Joel die Heuschreckenvernichtung mit dem Untergange des in 4, 1—8. geschilderten Feindes steht, hat die auf Assyrien sich be= ziehende Weissagung auch eine vorbildliche Bedeutung wider Magog. Das Buch ist wie alle Bücher der zweiten Gruppe zweigliedrig, K. 1—2, 14. ist die Schilderung des Unterganges Ninives überwiegend, in K. 3. dage= gen die Schilderung der Schuld Ninives.

A. [1] Weissagung von Ninive. Buch des Gesichtes Nahums des Elkesiten. [2] Ein eifernder Gott und Rächer ist Jehova, ein Rächer ist Jehova und Herr des Zornes, ein Rächer ist Jehova seinen Geg= nern und ein Vergelter seinen Feinden. [3] Jehova ist langmüthig und von großer Kraft und läßt nicht ungestraft. Jehova ist im Sturme, und im Gewitter sein Weg, und Gewölk der Staub seiner Füße. [4] Er schilt das Meer und läßt es vertrocknen, und alle Ströme macht er versiegen. Es welket Basan und der Karmel, und Liba= nons Blüthe verwelkt. [5] Berge bebten vor ihm, und die Hügel zer= flossen, es erhob sich die Erde vor seinem Antlitze und der Erdkreis und alle Bewohner auf demselben. [6] Wer wird bestehen vor seinem Grimme, wer sich erheben bei der Gluth seines Zornes? Seine

Zorngluth ergoß sich wie Feuer, und Felsen zersplitterten vor ihm. ⁷ Gut ist Jehova, eine Zuflucht am Tage der Drangsal, und er kennt, die auf ihn vertrauen. ⁸ Und mit Ueberfluthung einherschreitend macht er ihre (Ninives) Stätte zur Vernichtung, und Finsterniß verfolgt seine Feinde. ⁹ Was denkt ihr über Jehova? Vernichtung bewirkt er; nicht soll zweimal Drangsal erstehen. ¹⁰ Denn sogar als verschlungene Dornen und gemäß ihrem Tranke getränkt wurden sie völlig verzehrt wie trockene Stoppel. ¹¹ Von dir (Juda) zog ab, der Böses wider Jehova sann, Nichtswürdiges berieth. ¹² So sprach Jehova: Wenn sie vollzählig und so zahlreich, so sind sie auch so abgeschoren, und es ist aus. Und ich habe dich (Juda) bedrängt, nicht will ich dich abermals bedrängen. ¹³ Und jetzt will ich sein Joch von dir brechen und seine Fesseln zerreißen. ¹⁴ Und über dich (Ninive) gebot Jehova: Nicht soll ferner von deinem Namen gepflanzt werden; aus dem Hause deines Gottes vertilge ich Schnitzbild, und zum Ueberzug mache ich dein Grab, denn du warst zu leicht. ²,¹ Sieh' auf den Bergen die Füße des Heilsboten, der Frieden verkündet. Feire, Juda! deine Feste, erfülle deine Gelübde, denn nicht wird ferner der Nichtswürdige durch dich ziehen, er ist gänzlich ausgerottet. ² Es zog ein Zerschmetterer wider dein Antlitz (Ninive!) herauf. Spähe nach der Befestigung, schaue auf den Weg, stärke die Lende, strenge die Kraft sehr an. ³ Denn Jehova brachte zurück die Hoheit Jakobs wie die Hoheit Israels, denn Verwüster verwüsteten diese und verderbten ihre Reben. ⁴ Der Schild seiner (Gottes) Helden war geröthet, in Carmosin die Krieger gekleidet, im Glanze des Stahlgeräthes die Wagen am Tage seiner Ausrüstung, und die Lanzen wurden geschwungen. ⁵ Auf den Gassen rasen die Wagen, überstürzen sich auf den Straßen; die Erscheinungen davon sind wie Fackeln, gleich Blitzen fahren sie einher — ⁶ Man (Ninive) gedenkt seiner Helden, sie straucheln auf ihren Wegen, sie eilen nach ihrer (der Stadt Ninive) Mauern, aber aufgerichtet ist das Sturmdach; ⁷ die Thore der Ströme wurden geöffnet, und der Palast zerfloß ⁸ und wurde hingestreckt. Sie (Ninive) wurde entblößt, fortgeführt, und ihre Mägde stöhnen gleich der Stimme der Tauben, an ihre Brüste sich schlagend. ⁹ Und Ninive seit ihren Tagen gleich einem Teiche von Gewässern — aber sie fliehen. Stehet! stehet! aber keiner kehrt um. — ¹⁰ Erbeutet Silber, erbeutet Gold! das Gebilde

5 *

ist ohne Ende, ein Reichthum von allen Kleinoden. — ¹¹ Entleerung, Ausleerung und Verheerung! Und das Herz zerfließt, und es wanken die Kniee, und Krampf ist in aller Lenden, und das Antlitz von allen zog die Röthe ein. ¹² Wo ist die Wohnung der Löwen, und diese Weide für die Löwelein, wohin der Löwe, die Löwin gingen, das Junge des Löwen, und keiner aufschreckte? ¹³ Raubend zur Genüge für seine Jungen und würgend für seine Löwinnen erfüllte der Löwe auch mit Raub seine Höhlen und mit Geraubtem seine Wohnungen. ¹⁴ Siehe, ich bin wider dich, spricht Jehova der Heerschaaren, und ich lasse in Rauch deine Wagen verbrennen, und deine Jungen frißt das Schwert, und ich vertilge deinen Raub von der Erde, und die Stimme deiner Boten soll nicht mehr gehört werden.

B. ³,¹ Wehe der Blutstadt! ganz ist sie von Trug, Mord angefüllt, nicht weicht der Raub. ² Peitschenknall und Rädergerassel, und es rennt das Roß und es schwankt der Wagen. ³ Der Reiter sprengt an, und Flamme ist das Schwert, und Blitz die Lanze, und eine Menge die Erschlagenen, und eine Masse die Todten, und der Leichen kein Ende, und sie straucheln über ihre Leichen ⁴ wegen der Menge der Hurereien der anmuthigen und zauberreichen Buhlerin, welche Völker durch ihre Hurereien und Geschlechter durch ihre Zaubereien verkauft. ⁵ Siehe, ich bin wider dich, spricht Jehova der Heerschaaren, und ich decke deine Säume über dein Antlitz und lasse Völker deine Blöße sehen, und Königreiche deine Schande. ⁶ Und ich werfe über dich deine Scheusale und beschimpfe dich und mache dich zur Schau. ⁷ Und es geschieht, daß jeder, der dich sieht, von dir flieht und spricht: Verwüstet ist Ninive, wer wird sie beklagen? wo soll ich ihr Tröster suchen? ⁸ Bist du besser als No-Ammon (Theben), die an Strömen sitzende, die Wasser ringsum hat? deren Einfassung das Gebiet bis zum Meere vom Meere war. ⁹ Aethiopien und Aegypten waren ihre Stärke und ohne Ende. Phut (Nordafrika) und Libyer waren zu deiner Hülfe. ¹⁰ Auch sie ging zur Auswanderung in die Gefangenschaft, ihre Unmündigen wurden an allen Straßenecken zerschmettert, und über ihre Edlen warf man das Loos, und alle ihre Großen wurden mit Ketten gefesselt. ¹¹ Auch du (Ninive) wirst trunken, bist im Verstecke, auch du wirst Zuflucht vor dem Feinde suchen. ¹² Alle deine Festungen sind Feigenbäume mit Frühfeigen; wenn sie geschüttelt werden, so fallen sie in den Mund des Essers. [13] Siehe, dein Volk sind Weiber in deiner Mitte; die Thore deines Landes wurden deinen Feinden aufgethan, Feuer verzehrte deine Riegel. [14] Schöpfe dir Wasser der Befestigung, befestige deine Burgen, tritt im Kothe und stampfe im Lehm, mache fest den Backstein. [15] Dort soll Feuer dich fressen, dich vernichten das Schwert, dich fressen wie die Heuschrecke. Sei zahlreich wie die Heuschrecke, vermehre dich wie die Heuschrecke. [16] Mehr hast du deine Händler gemacht, als die Sterne des Himmels, die Heuschrecke streifte ab und flog weg. [17] Deine Erlesenen sind wie die Heuschrecken und deine Führer wie Heuschreckenscharen, die in Hecken sich lagern am Tage der Kälte. Die Sonne brach durch, und verschwunden und nicht bekannt ist an der Stätte davon, wo sie sind. [18] Es schliefen deine Hirten, König von Assur! es liegen deine Helden; dein Volk zerstreute sich auf den Bergen, und keiner sammelt. [19] Es ist keine Linderung für deinen Bruch, gefährlich ist dein Schlag. Alle, welche Kunde von dir vernehmen, klatschen in die Hände über dich, denn über wen erging nicht immer deine Bosheit?

5. Habakuk.

Die Weissagung des Habakuk ist wahrscheinlich um die Mitte der Regierung des Sedekias verfaßt, da in derselben 2, 13. eine Stelle aus der im vierten Jahre des Sedekias verfaßten Weissagung des Jeremias wider Babylon vorkommt. Daß Habakuk diese Stelle aus Jeremias entlehnt hat, und nicht umgekehrt Jeremias aus Habakuk, ergibt sich, abgesehen von der Form und dem Zusammenhange dieser Stelle in beiden prophetischen Büchern, schon daraus, daß die Weissagung Habakuks eine Fortentwicklung und Erklärung des tiefern Sinnes der Weissagung des Jeremias ist. Damit scheint im Widerspruche zu stehen, daß Habakuk 1, 5 ff. eine unglaubliche That ankündigt, aber diese That ist nicht das erste Auftreten der Chaldäer, sondern ein Auftreten, dem nach 2, 3. ein schneller Untergang folgt, wie es bei dem Zuge des Holofernes buchstäblich verwirklicht wurde. Die Schilderung dieser Niederlage geht in 2, 9—20. in die des Unterganges des chaldäischen Reiches über und gestaltet sich in dem Hymnus K. 3 zu einer furchtbaren Zerschmetterung des Antichrist. Die Darstellung des Unterganges der Chaldäer schließt sich an Joel 2,

1—17. an; der Hymnus K. 3. dagegen an Joel 4, 9—19. Die fünf mittlern prophetischen Bücher sind demnach durch eine symmetrische Wech= selbeziehung verbunden, nach der die Geschichte Israels vor dem Ende des Exils sich zu einem Vorbilde der Völker= und Kirchengeschichte im Zeit= alter der Vollendung gestaltet.

A. ¹,¹ Die Weissagung, welche Habakuk, der Prophet, schaute. ² Bis wann, Jehova! habe ich geschrieen! aber du hörst nicht; ich rufe zu dir über Gewaltthat, aber du rettest nicht. ³ Warum läßt du mich Unheil sehen? und schauest auf Mühsal? Verwüstung und Gewaltthat ist um mich; und Streit entstand, und Hader erhebt sich. ⁴ Darum erschlafft die Thorah, und immer geht Recht nicht hervor; denn ein Böser umstrickt den Gerechten, darum geht verdrehtes Recht hervor. — ⁵ Blicket auf die Völker und schauet und entsetzet euch und staunet, denn ein Werk wirkt in euren Tagen, nicht glaubet ihr, wenn es erzählt wird. ⁶ Denn siehe, ich errege die Chaldäer, das herbe und ungestüme Volk, das nach den Weiten der Erde zieht, um Wohnungen, die nicht sein sind, in Besitz zu nehmen. ⁷ Schrecklich und furchtbar ist es, von ihm geht sein Recht und seine Hoheit aus. ⁸ Und schneller als Pardel sind seine Rosse, rascher als Wüstenwölfe, und seine Reiter sprengen einher, und seine Reiter kommen von ferne, fliegen wie ein zum Fraße eilender Adler. ⁹ Sämmtlich kommt es zu Gewaltthat, das Streben ihrer Gesichter ist vorwärts, und es häuft Beute wie Sand. ⁰ Und es spottet über Könige, und Fürsten sind ihm Gelächter; es lacht über jede Festung, schüttete Staub auf und nahm sie ein. ¹⁰ Dann erneuerte sich ein Sturm und zog einher, und es verschuldete sich, dessen Kraft sein Gott. — ¹¹ Bist du, Jehova! nicht von Anbeginn mein Gott, mein Heiligthum? Nicht werden wir sterben; du hast es zum Gerichte bestellt und als Felsen zur Zurechtweisung gegründet. ¹³ Zu rein sind die Augen, um Böses zu schauen, und auf Mühsal kannst du nicht blicken. Warum blickest du Frevler an? schweigst, wenn der Böse den, der gerechter als er, verschlingt? ¹⁴ Und du machtest die Menschen, wie die Fische des Meeres, wie das Gewürm, das keinen Herrscher hat? ¹⁵ Sie alle zog es (das chaldäische Volk) mit der Angel herauf, zieht es in sein Netz und bringt es in sein Garn; darum freuet es sich und jubelt; ¹⁶ darum opfert es seinem Netze und räuchert seinem Garn; denn durch diese ist fett sein Antheil und feist seine Speise. ¹⁷ Soll deßhalb es leeren sein Netz, und immer Völker zu würgen nicht sich enthalten.

²⸍¹ Auf meiner Warte will ich stehen und mich stellen auf eine Feste. Und ich spähte, um zu sehen, was er redet in mir, und was ich auf meine Klage erwiedere. ²Und Jehova antwortete mir und sprach: Schreibe ein Gesicht und mache deutlich auf den Tafeln, da= mit man eile es lesend. ³ Denn die Dauer des Gesichtes ist bis zur bestimmten Zeit, und es strebt nach dem Ende und trügt nicht. Wenn es zögert, so harre darauf, denn kommen wird es, nicht bleibt es aus. — ⁴ Siehe, nicht gerade ist seine Seele in ihm; aber der Gerechte lebt aus seinem Glauben. ⁵ Und wirklich ist es, daß der Wein einen hochmüthigen Mann betrügt; und nicht besteht, der wie wie die Unterwelt seine Seele weit aufthat, und er ist, wie der Tod, und wird nicht satt, und er raffte an sich alle Nationen und sam= melte an sich alle Völker. ⁶ Werden nicht alle diese einen Spruch über ihn anheben und Dichtung und Räthsel auf ihn? Und man wird sagen: Wehe dem, der mehret, was nicht sein! Auf wie lange? und der Verschuldung auf sich ladet! ⁷ Werden nicht plötzlich deine Rentner aufstehen und deine Vertreiber erwachen? und du wirst ihnen zur Ausplünderung. ⁸ Da du viele Nationen geplündert hast, soll dich plündern der ganze Rest der Völker wegen des Menschen= blutes und der Gewaltthat an Land, Stadt und allen Bewohnern in derselben. ⁹ Wehe dem, der bösen Gewirn für sein Haus gewinnt, um in die Höhe sein Nest zu stellen, um sich vor der Hand des Uebels zu retten. ¹⁰ Du hast Schande für dein Haus berathen, Ausrottung vieler Völker und Verschuldung deiner Seele. ¹¹ Denn es schreiet der Stein aus der Wand, und ihm antwortet der Pflock aus dem Holze. ¹² Wehe dem, der eine Stadt mit Blut bauet, und eine Burg mit Unredlichkeit gründet. ¹³ Siehe, ist es nicht von Je= hova der Heerscharen: Und es mühen sich Völker fürs Feuer, und Nationen ermatten für Nichts. ¹⁴ Denn die Erde soll voll werden der Erkenntniß der Herrlichkeit Jehovas, wie die Wasser das Meer bedecken. ¹⁵ Wehe dem, der seinem Nächsten zu trinken gibt, aus= leerend deinen Grimm und einen Zorn der Berauschung, um ihre (der Nächsten) Blößen zu sehen. ¹⁶ Du bist satter von Schande als von Ehre; trinke auch du, und entblöße dich; es wendet sich zu dir der Becher der Rechten Jehovas, und Schimpf auf deine Ehre.

¹⁷ Denn die Gewaltthat am Libanon soll dich bedecken, und eine Verstörung der Thiere soll sie abschrecken von Menschenblut und Gewaltthat an Land, Stadt und allen Bewohnern in derselben. ¹⁸ Was nützte das Götzenbild, daß sein Bildner es bildete zum Ueberzug und Trugverbreiter? Denn der Bildner seines Gebildes vertraute auf dasselbe, um stumme Götzen zu machen. ¹⁹ Wehe dem, der zum Holze spricht: erwache! zum starren Steine: erhebe dich! Er errichtet, siehe da! Eingefaßtes, Gold und Silber; aber in seinem Innern ist kein Geist. ²⁰ Aber Jehova ist im Tempel seines Heiligthums; stille vor ihm die ganze Erde!

B. ³,¹ Gebet Habakuks, des Propheten. Als Dithyrambus. ² Jehova, ich hörte deine Kunde, erschrak, Jehova! über dein Werk. In der Mitte der Jahre belebe es, in der Mitte der Jahre mache kund; im Zorne gedenke des Erbarmens. — ³ Gott kommt von Theman und der Heilige vom Gebirge Pharan. Es bedeckte die Himmel seine Pracht, und seines Preises ist voll die Erde. Und ein Glanz wie Licht sind ihm Strahlen aus seiner Hand, und dort ist die Hülle seiner Macht. ⁵ Vor ihm geht Pest, und seinen Füßen folgt Seuche. ⁶ Er stand und erschütterte die Erde; er schaute und ließ Völker erbeben, und ewige Berge zerstoben, es senkten sich Hügel der Urzeit, Pfade der Urzeit für ihn. ⁷ Unter Noth sah ich Zelte von Kuschan, des Landes Madian Zelttücher zitterten. — ⁸ Ist in Strömen eine Gluth? Jehovah! oder in Strömen dein Zorn, oder im im Meere deine Entrüstung? ⁵ Wenn du auf deinen Rossen einherfährst, sind Heil deine Wagen. ⁹ Entblößt erhebt sich dein Bogen, Schwüre lenken ein Wort, Ströme spaltest du zu Erde. ¹⁹ Berge schauten dich, sie beben; ein Guß von Wassern fuhr einher, der Abgrund erhob seine Stimme, die Höhe streckte empor ihre Hände. ¹¹ Die Sonne, der Mond trat an die Wölbung, zum Lichte fuhren deine Pfeile beim Glanze des Blitzes deiner Lanze. ¹² Im Grimme betrittst du die Erde, im Zorne zerstampfst du Völker. ¹³ Zum Heile deines Volkes zogest du aus, zum Heile mit deinem Gesalbten; du zerschmettertest das Haupt vom Hause des Freolers unter Aufdeckung des Grundes bis an den Hals. ¹⁴ Du durchbortest unter seinen Stützen das Haupt. Sie schieden, stürzen heran, mich zu zerstäuben; ihr Jauchzen ist, wie um den Elenden im Verstecke zu verschlingen. ¹⁵ Du beschrittest das Meer, deine Rosse, einen

Schwall großer Wasser. [16] Ich hörte und mein Leib bebte bei der Stimme, meine Lippen zitterten, Auflösung kommt in meine Gebeine, und an meinem Untern erzittere ich, daß ich harren soll bis zum Tage der Drangsal, daß meinem Volke, der es bedrängt, herauszieht. [17] Denn der Feigenbaum wird nicht blühen, und kein Ertrag an den Weinstöcken sein, es trog die Frucht des Oelbaums, und die Saatfelder trugen keine Speise. Die Schafe fehlten in der Hürde, und es ist kein Rind in den Ställen. [18] Aber ich werde frohlocken in Jehova, jauchzen im Gotte meines Heiles. [19] Jehova der Herr ist meine Stärke, und macht meine Füße wie Hindinnen und führt mich auf meinen Höhen einher.

(Dem Versteher bei meinem Saitenspiele.)

III. Dritte Gruppe.

Sophonias, Aggäus, Zacharias, Malachias.

In ähnlicher Weise, wie die zweite Gruppe sich an Amos anschließt, bildet die dritte eine Fortentwicklung des Buches Michäas, und wie die zweite Gruppe durch ihre Zusammensetzung aus fünf Büchern die Fünftheilung des Buches Jeremias abspiegelt, mit dem sie auch wegen der überwiegenden Androhung des Strafgerichtes nähere Verwandschaft hat, so zeigt die dritte Gruppe in jedem ihrer vier Bücher eine mit der Gliederung der Bücher Ezechiels und Daniels übereinstimmende Viertheilung.

1. Sophonias.

Sophonias weissagte nach der Ueberschrift seines Buches unter Josias, und wie sich aus dem Inhalte seiner Weissagung ergibt, nach der Wiederherstellung des Jehovadienstes durch Josias. Die vorliegende Weissagung besteht aus vier Theilen; in dem ersten, K. 1—2, 2. wird eine allgemeine Verwüstung des Landes als Anbruch des großen Tages Jehovas angedroht. Dieser Theil schließt sich an die mittlere Gruppe der kleinen prophetischen Bücher an, und bildet die Unterlage der folgenden drei Theile des Buches Sophonias. Der zweite Theil K. 2, 3—15. verheißt einem Reste der Demüthigen Schonung und die Erbschaft der zu zerstörenden Heidenwelt. Der dritte Theil, K. 3, 1—13. zeigt die Verkommenheit Jerusalems und verkündet eine gründliche Besserung erst in Folge einer großen Erschütterung der Völkerwelt, aus der auch Heiden geläutert hervorgehen. Der vierte Theil, K. 3, 14—20. schildert Jehova als König und Beschützer in der Mitte des bekehrten Sion. Der zweite Theil des Buches Sophonias bildet dann weiter die Unterlage des Buches Aggäus, der dritte Theil ist die Grundlage des Buches Zacharias, und an den vierten Theil schließt sich das Buch Malachias an.

A. Anbruch des großen Tages.

K. 1—2, 2.

¹ Das Wort Jehovas, welches erging an Sophonias, den Sohn Kuschis, des Sohnes des Godolias, des Sohnes des Amarias, des Sohnes des Ezekias, in den Tagen des Josias, des Sohnes Amons, des Königs von Juda.

² Wegraffen will ich alles von der Fläche der Erde, spricht Jehova; ² wegraffen will ich Menschen und Thiere, wegraffen die Vögel des Himmels und die Fische des Meeres und die Anstöße sammt den Bösen, und ich rotte aus die Menschen von der Oberfläche der Erde, spricht Jehova. ⁴ Und ich strecke meine Hand aus wider Juda und wider alle Bewohner Jerusalems, und ich rotte aus von diesem Orte den Rest Baals, den Namen der Götzendiener mit den Priestern, ⁵ und die, welche auf den Dächern das Heer des Himmels anbeten, und die, welche anbeten und schwören bei Jehova und schwören bei ihrem (Götzen=) Könige, ⁶ und die, welche sich von Jehova abwenden, und die Jehova nicht suchten und nach Jehova nicht fragten. ⁷ Stille vor dem Angesichte Jehovas des Herrn! denn nahe ist der Tag Jehovas, den Jehova hat ein Schlachtopfer bereitet, seine Gerufenen geweiht. ⁸ Und es geschieht am Tage des Schlachtopfers Jehovas, daß ich heimsuche die Fürsten und die Königssöhne und alle, die in ausländische Kleidung gekleidet sind. ⁹ Und ich suche heim alle, die an diesem Tage über die Schwelle springen, die das Haus ihrer Herren mit Gewaltthat und Betrug anfüllen. ¹⁰ Und es wird sein an diesem Tage, spricht Jehova, eine Stimme des Geschreies vom Fischthore und Geheul aus dem zweiten Theile, und große Zerschmetterung von den Hügeln her. ¹¹ Heulet Bewohner der Niederung, denn es wurde das ganze Volk Kanaans vernichtet, ausgerottet alle mit Silber Beladenen. ¹² Und es geschieht in dieser Zeit, daß ich Jerusalem mit Leuchten durchsuche und die Männer heimsuche, die auf ihren Hefen liegen, die in ihrem Herzen sprechen: Jehova thut nicht Gutes und thut nicht Uebeles. ¹³ Und ihre Habe wird zum Raube und ihre Häuser zur Verwüstung, und sie werden Häuser bauen, aber sie nicht bewohnen, und Weinberge pflanzen, aber deren Wein nicht trinken. ¹⁴ Nahe ist der große Tag Jehovas, nahe und sehr eilend; Stimme des Tages Jehovas! schreit dann

bitter der Held, ¹⁵ Ein Tag des Zornes ist dieser Tag, ein Tag der Trübsal und Bedrängniß, ein Tag der Verwüstung und Verheerung, ein Tag der Finsterniß und Dunkelheit, ein Tag des Gewölkes und der Verdunkelung. ¹⁶ Ein Tag der Posaune und des Feldgeschreies wider die festen Städten und hohen Zinnen. ¹⁷ Und ich bedränge die Menschen, und sie gehen wie Blinde, denn sie sündigten wider Jehova, und weggeschüttet wird ihr Blut wie Staub, und ihr Fleisch wie Koth. ¹⁸ Auch ihr Silber, auch ihr Gold kann sie nicht retten am Tage des Zornes Jehovas, und im Feuer seines Eifers wird das ganze Land verzehrt, denn Vernichtung gar plötzlich vollbringt er an allen Bewohnern der Erde. ²¹ Sammelt und nehmt euch zusammen, unverschämtes Volk! bevor das Verhängniß gebiert, — wie Spreu ist ein Tag vorbei, — während die Gluth des Zornes Jehovas über euch nicht kommt, während der Tag des Zornes Jehovas über euch nicht kommt.

B. Die Geringen als Erben der Völker.
K. 2, 3—15.

³ Suchet Jehova, alle Demüthigen der Erde, die sein Gesetz vollbracht haben; suchet Gerechtigkeit, suchet Demuth, vielleicht werdet ihr geborgen am Tage des Zornes Jehovas. ⁴ Denn Gaza wird verlassen, Askalon wird zur Wüste; Azot, das treibt man am hellen Tage aus, und Akkaron wird entwurzelt. ⁵ Wehe den Bewohnern des Meeresstriches, dem Volke der Kreter; das Wort Jehovas ist wider euch, Kanaan! Philisterland! ich vertilge dich, daß kein Bewohner ist. ⁶ Und es wird der Meeresstrich zu Auen von Hirtenhöhlen und zu Hürden von Schafen. ⁷ Und es wird ein Strich für den Rest des Hauses Juda, auf ihnen (ihm) weiden sie, lagern am Abende in den Häusern Askalons, denn Jehova ihr Gott sucht sie heim und wendet ihre Gefangenschaft. — ⁸ Ich habe Moabs Schmähen gehört, und die Lästerungen der Söhne Ammons, die mein Volk schmähten und wider dessen Grenze großthaten. ⁹ Darum so wahr ich lebe, spricht Jehova der Heerscharen der Gott Israels; Ja, Moab soll wie Sodoma werden, und die Söhne Ammons wie Gomorrha, ein Dornbesitz und eine Salzgrube und Wüste auf ewig; der Rest meines Volkes soll sie plündern, und das Ueberbleibsel meiner Nation sie in Besitz nehmen. ¹⁰ Das ist für sie für ihren Stolz, daß sie schmäh-

ten und großthaten wider das Volk Jehovas der Heerscharen.
¹¹ Schrecklich ist Jehova wider sie, denn er vertilgte alle Götter der
Erde, und anbeten werden ihn, jeder von seinem Orte her, alle
Inseln der Völker. ¹² Auch ihr Aethiopier seid Erschlagene meines
Schwertes. ¹³ Und er wird seine Hand wider den Norden ausstrecken
und Assur verderben; und er macht Ninive zu einer dürren Einöde
wie eine Wüste. ¹⁴ Und Herden lagern sich in ihrer Mitte, alle
Thiere eines Volkes, sowohl Pelikan als Igel weilen auf ihren
Säulenknäufen; eine Stimme ertönt im Fenster, auf der Schwelle
ist Verwüstung, denn sie entblößte das Cedergetäfel. ¹⁵ Dies ist die
frohlockende Stadt, die in Sicherheit wohnt, in ihrem Herzen spricht:
Ich und mein Ende ist Fortdauer. Wie ist sie zur Wüste geworden,
zum Lager für Thiere! Jeder, der an ihr vorübergeht, zischt und
schwenkt seine Hand.

C. Jerusalems Läuterung unter einer Völker= erschütterung.

K. 3, 1—15.

¹ Wehe der widerspenstigen und befleckten, der gewaltthätigen Stadt!
² Nicht hörte sie auf eine Stimme, nahm keine Zucht an. Auf Je=
hova vertraute sie nicht, ihrem Gotte nahete sie nicht. ³ Ihre Fürsten
in ihrer Mitte sind brüllende Löwen, ihre Richter sind Wüsten=Wölfe,
nicht sparten sie für den Morgen. ⁴ Ihre Propheten sind Prahler
und Männer des Truges; ihre Priester entweihten das Heiligthum,
vergewaltigen die Thorah. ⁵ Jehova ist gerecht in ihrer Mitte, be=
geht kein Unrecht, bringt des Morgens sein Recht ans Licht, nicht
blieb es aus, aber der Frevler kennt keine Scham. ⁶ Ich rottete
Völker aus, ihre Zinnen verödeten, ich verheerte ihre Straßen, daß
keiner vorüber geht; ihre Städte wurden verwüstet ohne Mann ohne
Bewohner. ⁷ Ich sprach: Fürchte mich doch, nimm Zucht an, so soll
ihre Wohnung nicht ausgerottet werden, was ich wider sie gänzlich
bestellt habe; aber zeitig fingen sie an, verderbten alle ihre Hand=
lungen. ⁸ Darum wartet auf mich, spricht Jehova, auf den Tag,
daß ich aufstehe zur Beute. Denn mein Urtheil ist Völker zu ver=
sammeln, Königreiche zusammen zu bringen, um über sie auszugießen
meinen Grimm, die ganze Gluth meines Zornes, denn im Feuer
meines Eifers soll die ganze Erde verzehrt werden. ⁹ Denn dann

will ich den Völkern reine Lippen verleihen, damit alle den Namen
Jehovas anrufen, ihm einträchtig dienen. [10] Von jenseits der Ströme
Aethiopiens werden meine Anbeter, die Tochter meiner Zerstreuten,
mein Speisopfer bringen. [11] An diesem Tage wirst du nicht zu
Schanden wegen aller deiner Thaten, womit du gegen mich freveltest,
denn dann entferne ich aus deiner Mitte die Frohlocker deines Stolzes,
und du wirst dich nicht ferner erheben auf meinem heiligen Berge.
[12] Und ich lasse übrig in deiner Mitte ein demüthiges und geringes
Volk, und sie vertrauen auf den Namen Jehovas. [13] Der Rest
Israels wird nicht Unrecht thun, nicht Lügen reden, und in ihrem
Munde wird keine Zunge des Truges gefunden, denn sie weiden und
lagern, und Niemand schreckt auf.

D. Jehova inmitten Sions.
K. 3, 14—20.

[14] Jubele Tochter Sions! jauchze Israel! freue dich und frohlocke
von ganzem Herzen, Tochter Jerusalems! [15] Jehova entfernte deine
Gerichte, beseitigte deinen Feind; Israels König Jehova ist in deiner
Mitte, nicht siehst du ferner Böses. [16] An diesem Tage wird zu
Jerusalem gesagt: Fürchte dich nicht! Sion, laß deine Hände nicht
sinken. [17] Jehova dein Gott ist in deiner Mitte, ein rettender Held.
Er freut sich über dich in Wonne, schweigt in seiner Liebe, frohlockt
über dich in Jubel. [18] Die ob der Festversammlung Betrübten habe
ich gesammelt, sie waren aus dir, als Last auf ihnen eine Schmach.
[19] Siehe, ich handle an allen deinen Bedrängern in dieser Zeit, und
ich rette das Hinkende und sammle das Verstoßene, und mache es
zum Preise und Ruhme in jedem Lande ihrer Schande. [20] In dieser
Zeit führe ich euch zurück und in der Zeit, daß ich euch sammle,
denn ich mache euch zum Ruhme und Preise unter allen Völkern
der Erde, wenn ich eure Gefangenschaft wende von euren Augen,
sprach Jehova.

2. Aggäus.

Das zweite Jahr des Darius Hystapis, in welchem der Prophet Aggäus
auftrat, ist 518 v. Chr.; die Sendung des Propheten mit dem Befehle
zum Neubau des Tempels erfolgte somit 70 Jahre nach der Sendung

Nebukadnezars zum Abbruch des Tempels. Während der ersten 16 Jahre nach der Rückkehr, in denen die Juden den Kampf gegen die wider den Tempelbau entstandenen Hindernisse aufgaben und ihre Hauptaufgabe vergessend nach irdischem Wohlergehen strebten, zeigte Gott ihnen durch das Mißrathen ihrer Anstrengungen, daß sie nur bei treuer Erfüllung ihres Berufes auf Segen hoffen konnten. Nach dieser praktischen Lehrzeit mußte der Prophet Aggäus das Volk über seinen Beruf, dem kommenden Messias einen Tempel zu bauen, unterrichten. Dieser Beruf ist der Grundgedanke des Buches Aggäus, welcher die vier Reden desselben ein= heitlich verbindet.

A. Beruf zum Tempelbau.

K. 1.

¹ Im zweiten Jahre des Königs Darius, im sechsten Monate, am ersten des Monates, erging das Wort Jehovas durch Aggäus, den Propheten, an Zorobabel, den Sohn Salathiels, den Fürsten von Juda, und an Jesus, den Sohn Josedeks, den Hohenpriester, indem er sprach: ² So sprach Jehova der Heerscharen, indem er spricht: Dieses Volk sprach: Nicht kommt eine Zeit, eine Zeit des Hauses Jehovas, aufgebaut zu werden. ⁴ Aber das Wort Jehovas ist durch den Propheten Aggäus ergangen also: ⁴ Ist es Zeit für euch, ihr! in euren getäfelten Häusern zu wohnen, indem dieses Haus wüste ist? ⁵ Und jetzt hat Jehova der Heerscharen also gesprochen: Richtet euer Herz auf eure Wege. ⁶ Ihr säetet viel, aber das Ernten ist wenig, man ißt, aber nicht zur Sättigung, trinkt, aber nicht zur Berauschung, kleidet, aber nicht zur Erwärmung, und der Lohnar= beiter verdient in einen durchlöcherten Beutel. ⁸ So sprach Jehova der Heerscharen: Richtet euer Herz auf eure Wege. ⁹ Steiget auf das Gebirge und holet Holz und bauet das Haus, und ich will Wohlgefallen daran haben und werde verherrlicht werden, sprach Jehova. ⁹ Ausschau nach Vielem — aber siehe, Verminderung! und ihr brachtet nach Hause, aber ich blies darein. Weßwegen? spricht Jehova der Heerscharen. Wegen meines Hauses, das wüste ist, indem ihr, jeder für sein Haus, rennt. ¹⁰ Deßhalb ließ der Himmel vom Thaue über euch ab, und die Erde hielt ihren Ertrag zurück. ¹¹ Und ich rief Dürre über die Erde und über die Berge und über das Korn und über den Most und über das Oel und über das,

was das Land hervorbringt, und über den Menschen und über das Vieh und über allen Erwerb der Hände. — ¹²Und Zorobabel, der Sohn Salathiels, und Jesus, der Sohn Josedeks, der Hohepriester, und der ganze Rest des Volkes hörten auf die Stimme Jehovas ihres Gottes und gemäß den Worten des Propheten Aggäus, wie Jehova ihr Gott ihn sandte. Und es fürchtete sich das Volk vor Jehova. — ¹³Und es sprach Aggäus als Bote Gottes in einer Sendung Jehovas zum Volke also: Ich bin mit euch, spricht Jehova. — ¹⁴Und Jehova erweckte den Geist Zorobabels, des Sohnes Salathiels, des Fürsten von Juda, und den Geist des Jesus, des Sohnes Josedeks, des Hohenpriesters, und den Geist des ganzen Restes des Volkes; und sie gingen und thaten Arbeit am Hause Jehovas der Heerscharen ihres Gottes, am vier und zwanzigsten Tage des sechsten Monats, im zweiten Jahre des Darius.

B. Die künftige Herrlichkeit des Tempels.
K. 1, 2—9.

¹ Im siebenten, am ein und zwanzigsten Tage des Monats erging das Wort Jehovas durch den Propheten Aggäus, indem er sprach: Rede doch zu Zorobabel, den Sohn Salathiels, den Fürsten von Juda, und zu Jesus, den Sohn Josedeks, den Hohenpriester, und zu dem Reste des Volkes also: ²Wer ist unter euch übrig, der dieses Haus in seiner ersten Herrlichkeit sah, und wie sehet ihr es jetzt? Ist seines Gleichen nicht wie Nichts in euren Augen? ⁴Nun aber sei getrost, Zorobabel! spricht Jehova, und sei getrost, Hoherpriester Jesus, Sohn Josedeks! und sei getrost, alles Volk des Landes, spricht Jehova, und arbeitet, denn ich bin mit euch, spricht Jehova der Heerscharen. ⁵Es ist die Zeit des Wortes, das ich mit euch bei eurem Auszuge aus Aegypten abgeschlossen habe, und mein Geist steht in eurer Mitte, fürchtet euch nicht.

Beim Auszuge aus Aegypten wurde das Passahfest eingesetzt und daran schloß sich die Errichtung des Heiligthums, in welchem Gott unter seinem Volke wohnen wollte. Was damals als Vorbild ausgeführt wurde, soll in der mit dem zweiten Tempelbau beginnenden Zeit in Wirklichkeit ausgeführt werden.

⁶Denn so sprach Jehova der Heerscharen: Noch Eins von Wenigkeit ist dies, und ich erschüttere den Himmel und die Erde und

das Meer und das Festland, ⁷und ich erschüttere alle Völker, und sie kommen zu der Erwartung aller Völker, und ich fülle dieses Haus mit Herrlichkeit, sprach Jehova der Heerscharen. ⁸Mein ist das Silber und mein ist das Gold, spricht Jehova der Heerscharen. ⁹Groß wird die Herrlichkeit dieses letzten Hauses gegen das erste sein, sprach Jehova der Heerscharen, und an diesem Orte werde ich Frieden geben, spricht Jehova der Heerscharen.

C. Der Segen des Tempels.
K. 2, 10—19.

Das jüdische Volk ist eine versperrende Hülle gegen die Uebertragung der vom Opfer ausgehenden Heiligung auf den Natursegen, dagegen ver= nichtet es durch die Uebertragung seiner Unreinigkeit diesen Segen. Da der Tempel dagegen Abhülfe bieten soll, so muß er gegen die vom Volke ausgehende Verunreinigung schützen und den vom Opfer aus= strömenden Segen übertragen.

¹⁰Am vier und zwanzigsten des neunten Monates im zweiten Jahre des Darius erging das Wort Jehovas durch den Propheten Aggäus, indem er sprach: ¹¹So sprach Jehova der Heerscharen: Frage doch die Priester nach dem Gesetze also: ¹²Siehe, Jemand trägt im Zipfel seines Kleides heiliges Fleisch, und er berührt mit seinem Zipfel Brod und Gekochtes und Wein und Oel und jegliche Speise; wird es geheiligt? Und die Priester antworteten und sprachen: Nein. ¹³Und Aggäus sprach: Wenn ein durch einen Todten Ver= unreinigter alles dieses berührt, wird es unrein? Und die Priester antworteten und sprachen: Es wird unrein. ¹⁴Und Aggäus ant= wortete und sprach: So ist dieses Volk, und so diese Nation vor mir, spricht Jehova, und so alle Werke ihrer Hände, und alles, was sie berühren lassen, ist unrein. ¹⁵Und nun, richtet doch euer Herz von diesem Tage und weiterhin, bevor man Stein auf Stein am Tempel Jehovas legte. ¹⁶Von ihrer Anwesenheit an kam man zu einem Garbenhaufen von zwanzig, und es wurde zehn, und man kam zur Kufe, um fünfzig Eimer zu schöpfen, und es wurde zwanzig. ¹⁷Ich schlug euch mit Getreidebrand und mit Vergilbung und mit Hagel alle Werke eurer Hände, aber euer Wesen ist nicht zu mir, spricht Jehova. ¹⁸Richtet doch euer Herz von diesem Tage an, und weiterhin vom vier und zwanzigsten Tage des neunten Monats bis von dem Tage an, daß der Grund des Tempels Jehovas gelegt

wurde, richtet euer Herz: ¹⁹ Ist noch Getreide im Speicher? Aber selbst der Feigenbaum und der Granatbaum und der Oelbaum hat nicht getragen. Von diesem Tage an will ich segnen.

D. Beschützung des Stammes Zorobabels im Völkersturme.
K. 2, 20—23.

²⁰ Und es erging das Wort Jehovas zum zweiten Male am vier und zwanzigsten des Monats an Aggäus, den Propheten, also: ²¹ Sprich zu Zorobabel, den Fürsten Juda's also: Ich erschüttere den Himmel und die Erde ²² und stürze um den Thron der Königreiche und vernichte die Stärke der Königreiche der Nationen, und stürze um den Wagen und seinen Fuhrmann, und es stürzen die Rosse und ihre Reiter, der eine durch das Schwert des andern. ²³ An diesem Tage, spricht Jehova der Heerscharen, nehme ich dich, Zoro= babel, Sohn Salathiels, meinen Knecht, spricht Jehova, und ich mache dich wie einen Siegelring, denn ich habe dich erwählt, spricht Jehova der Herrscharen.

3. Zacharias.

Das Buch Zacharias besteht aus vier Theilen; der erste, K. 1, 1—6. enthält eine kurze Ermahnung und Verheißung und schließt sich an den dritten Theil des Buches Sophonias. Der zweite Theil, K. 1, 7—6, 15. enthält in seinem ersten Abschnitte acht Visionen, und in seinem zweiten eine symbolische Handlung und zeigt, wie die Verheißung des ersten Theiles unter einer Erschütterung der Völkerwelt verwirklicht werden soll, so daß er ebenso wie der erste Theil auf Soph. 3, 1—13. sich stützt. Der dritte Theil, K. 7—8. steht in Parallele mit dem ersten und entwickelt den= selben in vier Abschnitten zu größerer Bestimmtheit. Der vierte Theil, K. 9—14. enthält zwei Weissagungen, von denen jede viergliedrig ist, so daß der vierte Theil in Parallele mit dem ersten Abschnitte des zweiten Theiles acht Stücke enthält. Wie im vierten Theile die acht Stücke zwei Gruppen von je vier Stücken bilden, so lassen sich auch im zweiten Theile zwei Gruppen von je vier Stücken unterscheiden.

A. Erſter Theil.

Umkehr.

K 1,1—6.

Dem aus der Gefangenſchaft zurückgekehrten Reſte wird dieſelbe Aufgabe geſtellt, wie deren Vätern vor dem Exile. Die Väter wollten den Ermahnungen der Propheten nicht folgen und geriethen in Gefangenſchaft, ſie ſind nicht durch die Weiſſagungen, ſondern durch die Erfüllung derſelben zur Bekehrung gebracht. Da der Reſt im großen Ganzen auf dem Standpunkte der im Exile bekehrten Väter ſteht, und die von ihm geforderte Bekehrung in Parallele geſtellt wird mit der ihren Vätern anbefohlenen, ſo ergibt ſich für den Fall des Ungehorſams eine neue Gefangenſchaft.

¹ Im achten Monat, im zweiten Jahre des Darius, erging das Wort Jehovas an Zacharias, den Sohn des Barachias, des Sohnes Abbos, den Propheten, indem er ſprach: ²Gezürnt hat Jehova über eure Väter einen Zorn. ³ Aber ſprich zu ihnen: So ſprach Jehova der Heerſcharen: Kehret um zu mir, ſpricht Jehova der Heerſcharen, und ich will zu euch umkehren, ſprach Jehova der Heerſchaaren. ⁴ Seid nicht wie eure Väter, zu denen die frühern Propheten redeten, indem ſie ſprachen: So ſprach Jehova der Heerſcharen: Kehret doch um von euren böſen Wegen und von euren böſen Handlungen. Aber ſie hörten nicht und achteten nicht auf mich, ſpricht Jehova. — ⁵ Eure Väter — wo ſind ſie? Und die Propheten — ſollen ſie ewig leben?

Die Frage, ob die Propheten ewig leben ſollen, hat den Sinn, ob die Söhne der vom Exile getroffenen Väter auch fortwährend ohne Erfolg von Propheten ermahnt werden ſollen. Zacharias deutet dunkel an, daß die Erfüllung der frühern Weiſſagungen eine Weiſſagung für die Söhne ſei.

⁶ Doch meine Worte und meine Satzungen, welche ich meinen Knechten, den Propheten, befahl, haben ſie nicht eure Väter getroffen, daß ſie umkehrten und ſprachen: Wie Jehova der Heerſcharen gedachte, uns nach unſern Wegen und nach unſern Werken zu thun, ſo hat er mit uns gethan.

B. Zweiter Theil.

Herstellung des Heiligthums.
K. 2, 7 — 6, 15.

Der zweite Theil umfaßt zwei Abschnitte von sehr ungleicher Größe; der erste enthält acht Visionen in zwei Gruppen von je vier Visionen, der zweite faßt den Inhalt der Visionen durch eine symbolische Handlung einheitlich zusammen. Durch die Rückkehr der Juden nach siebenzigjähriger Gefangenschaft in Babylon in Folge der großen Völkerbewegung, welche das babylonische Reich stürzte, war das Exil noch nicht zum Abschlusse gelangt, da der Tempel erst 72 Jahre nach seiner Zerstörung wieder vollendet wurde, und die meisten Juden in den Heidenländern zurück= blieben. Der ganze Zustand nach dem Exile trägt den Charakter des Provisorischen, das erst durch den Messias zur Vollendung kommen soll. Dadurch gestaltet sich die ganze Zeit vom Exile bis zum Messias zu einer Fortsetzung des Exils, aus dem der Messias befreien soll.

⁷ Am vier und zwanzigsten Tage des elften Monates, dieser Monat ist Schebat, im zweiten Jahre des Darius, erging das Wort Je= hovas an Zacharias, den Sohn des Barachias, des Sohnes Addos, den Propheten, also: ⁸ Ich schaute des Nachts, und siehe, ein Mann ritt auf einem rothen Rosse, und dieses stand zwischen den Myrthen im Schattenhaine, und hinter ihm rothe, gesprenkelte und weiße Rosse. ⁹ Und ich sprach: Was sind diese? mein Herr! Und es sprach zu mir der Engel, der mit mir redete: Ich will dir zeigen, was diese sind. ⁰ Und es antwortete der Mann, der zwischen den Myrthen hielt, und sprach: Diese sind es, welche Jehova gesandt hat, die Erde zu durchziehen. ¹¹ Und sie antworteten dem Engel Jehovas, der zwischen den Myrthen stand, und sprachen: Wir haben die Erde durchzogen, und siehe, die ganze Erde sitzt und ruhet. ¹² Und es antwortete der Engel Jehovas und sprach: Jehova der Heerscharen! Bis wie lange erbarmst du dich nicht Jerusalems und der Städte Juda's, denen du diese siebenzig Jahre gezürnt hast?

Das zweite Jahr des Darius 518 ist gerade 70 Jahre nach dem Beginne der Belagerung Jerusalems 588. Obgleich schon 534 die Rück= kehr aus Babylon erfolgt war, war der Zorn Gottes noch nicht besänftigt.

Der Engel zieht aus der Antwort des Reiters die Folgerung, daß die Zeit für das Aufhören des göttlichen Zornes gekommen sein müsse. Daraus ergibt sich dann weiter, daß der redende Reiter mit der letzten göttlichen Zorneshandlung an Babel in Zusammenhang stehe und die rothe Farbe seines Pferdes auf die Perser und Meder deute. Die weiter zurückstehenden Pferde hangen dann mit später eintreffenden Strafgerichten zusammen, und daraus ergibt sich die gesprenkelte Farbe als Symbol für die Griechen, und die weiße als Symbol für die Römer, so daß der Reiterzug darstellt, welche von den Propheten verkündeten Gerichte bis zum Eintritte des Heiles noch erfüllt werden müssen.

¹³ Und Jehova antwortete dem Engel, der mit mir redete, gute Worte, tröstliche Worte. ¹⁴ Und es sprach zu mir der Engel, der mit mir redete: Rufe und sprich: So sprach Jehova der Heerscharen: Geeifert habe ich für Jerusalem und Sion mit großem Eifer. ¹⁵ Und ich zürne mit großem Zorne über die ruhigen Völker, denn ich zürnte nur wenig, sie aber halfen zum Unheil. ¹⁶ Darum sprach Jehova also: Ich habe mich in Erbarmen zu Jerusalem gewendet; in ihm soll mein Haus gebaut werden, spricht Jehova der Heerscharen, und die Meßschnur soll über Jerusalem gezogen werden. ¹⁷ Rufe nochmals und sprich: So sprach Jehova der Heerscharen: Noch sollen überströmen meine Städte von Gutem, und Jehova tröstet noch Sion und erwählt noch Jerusalem.

In dieser Vision wird deutlich angegeben, daß durch die Rückkehr aus Babylon der Abschluß noch nicht erfolgt ist, sondern noch viel Größeres bevorsteht. Für den Eintritt desselben bietet aber die folgende Vision eine weithin aufschiebende Zeitbestimmung. Es muß erst der Kampf der von Dan. 8,8. angekündigten vier Hörner überstanden sein. Zur Zeit der Herstellung des Heiligthums, worauf der Geist des Propheten in der Vision gerichtet ist, sind die Hörner schon abgeschlagen, woraus sich das Perf. der Darstellung erklärt.

²,¹ Und ich erhob meine Augen und sah, und siehe, vier Hörner. ² Und ich sprach zu dem Engel, der mit mir redete: Was sind diese? Und er sprach zu mir: Dies sind die Hörner, welche Juda, Israel und Jerusalem zerstreuten. ³ Und Jehova zeigte mir vier Schmiede. ⁴ Und ich sprach: Was zu thun kommen diese? Und er sprach also: Dies sind die Hörner, welche Juda zerstreuten, daß keiner sein Haupt erhob; und jene sind gekommen, sie zu schrecken, um die Hörner der

Völker niederzustrecken, welche das Horn wider das Land Juda er=
hoben, es zu zerstreuen. Die vier Hörner können im Anschlusse an Daniel als bildliche Dar=
stellung des die Juden befeindenden Griechenthums aufgefaßt werden, ob=
gleich nicht alle vier bedeutenderen aus der Monarchie Alexanders hervor=
gegangenen Reiche an diesem Kampfe Antheil nahmen; richtiger ist jedoch
wohl die Deutung auf die Seleuciden, wobei dann die Zahl vier ein auf
Daniel hinweisender Wink für die Deutung wäre. Nach dem Kampfe
mit den Griechen folgt die Errichtung des Heiligthums der Kirche, welche
die Wohnung des Messias ist.

⁵ Und ich erhob meine Augen und sah, und siehe, ein Mann,
und in seiner Hand eine Meßschnur. ⁶ Und ich sprach: Wohin gehst
du? Und er sprach zu mir: Jerusalem zu messen, um zu sehen,
welches seine Breite, und welches seine Länge ist. ⁷ Und siehe, der
Engel, der mit mir redete, ging fort, und ein anderer Engel ging
ihm entgegen; ⁸ und er sprach zu ihm: Laufe, sagen diesem Jüng=
linge also: Marken wird Jerusalem bewohnen wegen der Menge der
Menschen und des Viehes in ihm; ⁹ und ich will ihm, spricht Je=
hova, eine feurige Mauer ringsum sein, und zur Herrlichkeit werde
ich in seiner Mitte sein. ¹⁰ Auf, auf! und fliehet aus dem Lande
des Nordens, spricht Jehova, denn nach den vier Winden des Himmels
habe ich euch zerstreut. ¹¹ Auf, Sion! rette dich, die du wohnst bei
der Tochter Babel. ¹² Denn so sprach Jehova der Heerscharen: Zu
Herrlichkeit sandte er mich zu den Völkern, welche euch berauben,
denn wer euch anrührt, rührt meinen Augapfel an. ¹³ Denn siehe,
ich schwinge meine Hand gegen sie, und sie sollen ihren Knechten zur
Beute werden, und ihr sollet erfahren, daß Jehova der Heerscharen
mich gesandt hat.

Hier werden Jehova, der Sendende, und Jehova, der Gesandte, als
verschiedene Personen unterschieden.

¹⁴ Frohlocke und freue dich, Tochter Sions, denn siehe, ich komme
und wohne in deiner Mitte, spricht Jehova. ¹⁵ Und an diesem
Tage schließen sich viele Völker an und werden mir zum Volke, und
ich wohne in deiner Mitte (Sion!) und du erkennst, daß Jehova
der Heerscharen mich zu dir gesandt hat. ¹⁶ Und Jehova nimmt
Juda als seinen Antheil am heiligen Land in Besitz und erwählt

noch Jerusalem. ¹⁷ Stille alles Fleisch vor Jehova, denn er hat
sich von seiner heiligen Wohnung erhoben.

Zu dem in dieser dritten Vision geschilderten neuen Heiligthume gibt
die vierte Vision das neue Priesterthum an. Die Verse 1—7. enthalten
das Bild und B. 8—10. die Auslegung.

^{3,1} Und er zeigte mir Jesus, den Hohenpriester, stehend vor dem
Engel Jehovas, und Satan stand zu seiner Rechten, ihn zu be=
feinden. ² Und Jehova sprach zum Satan: Jehova schelte dich,
Satan, dich schelte Jehova, der Jerusalem erwählt. Ist dieser nicht
ein aus dem Feuer geretteter Gluthscheit? ³ Und Jesus war be=
kleidet mit schmutzigen Kleidern und stand vor dem Engel. ⁴ Und
er (der Engel) antwortete und sprach zu den vor ihm Stehenden
also: Entfernet von ihm die schmutzigen Kleider. Und er sprach zu
ihm: Siehe, ich habe deine Schuld von dir hinweggenommen und
dich mit Festkleidern bekleidet. ⁵ Und ich sprach: Sie mögen einen
reinen Kopfbund auf sein Haupt setzen. Und sie setzten den reinen
Kopfbund auf sein Haupt und bekleideten ihn mit Kleidern: und der
Engel Jehovas stand. ⁶ Und der Engel Jehovas betheuerte Jesus,
indem er sprach: ⁷ So sprach Jehova der Heerscharen: Wenn du
auf meinen Wegen wandelst und meine Hut hütest, so sollst du auch
mein Haus richten und meine Vorhöfe hüten, und ich gebe dir Wege
zwischen diesen Stehenden.

Der Hohepriester wird aus der Zerstörung und Schmach des Exils
hervorgezogen und mit der Ehre des Hohenpriesterthums bekleidet. Bei
treuer Verwaltung dieses Amtes soll er noch das Richteramt dazu er=
halten, bei Vernachlässigung seines Priesteramtes geht folglich das Richter=
amt verloren. Dieses Loos des Hohenpriesters ist nach der folgenden
Erklärung eine Vorbedeutung für die Zeit des Messias.

⁸ Höre doch, Jesus, Hoherpriester! du und deine Genossen, die vor
dir sitzen, denn sie sind Männer von Vorbedeutung, denn siehe, ich
bringe meinen Knecht Sproß. ⁹ Denn siehe den Stein, den ich
vor Jesus (Josua) auf Einen Stein mit sieben Augen gelegt habe,
siehe, ich meißele seine Meißelung, spricht Jehova der Heerscharen,
und entferne die Schuld dieses Landes an Einem Tage. ¹⁰ An diesem
Tage werdet ihr, der eine den andern, unter den Weinstock und den
Feigenbaum rufen.

Die Vorbedeutung gilt für die Zeit des Messias, der nach Isaias Sproß der Wurzel Jesse und Eckstein Sions ist. Dieser Eckstein oder Fundamentstein hat die sieben Geistesgaben als Augen, und auf diesen Grundstein wird ein anderer Stein als Hoherpriester gelegt, der am Tage des Leidens des Messias durch einen Blick der Gnade seine Gestaltung erhält. An diesem Tage rief man sich unter den Weinstock zum h. Abend= mahle und unter den Feigenbaum, weil man sich bei dem Zorne Gottes bei der Züchtigung des Sündenfalles aus Furcht verbarg.

Die Bedeutung des in der folgenden Vision vorkommenden sieben= armigen Leuchters mit den beiden Oelbäumen zur Seite erklärt der Engel dadurch, daß er im Anschlusse an den in der vorigen Vision erwähnten hohenpriesterlichen Stein, der auf dem Siebenaugensteine ruht, durch Zorobabel den Tempelbau durch Einfügung des fürstlichen Schlußsteines zur Vollendung bringt, so daß der Siebenaugenstein den in unmittelbarer Verbindung mit ihm stehenden Stein des Hohenpriesterthums und ferner den Schlußstein des christlichen Fürstenthums trägt. Da die Einerleiheit der Bedeutung des Siebenaugensteines mit dem siebenarmigen Leuchter nicht zweifelhaft ist, so ergibt sich, daß die beiden andern Steine den beiden Oelbäumen entsprechen. Als der Messias den von seinem Vorfahr Zo= robabel vorgebildeten Bau ausführte, stand der Entfaltung seines König= thumes noch der von Jeremias in der Weissagung gegen Babel geschaute Berg des zweiten Stadiums von Babel entgegen, aber wie vor Zorobabel der Berg der Hindernisse geebnet wurde, so soll auch dieser Berg geebnet werden, so daß das Fürstenthum zum Messianischen Lehen wird.

⁴'Und der Engel, der mit mir redete, kehrte zurück, und weckte mich wie einen Mann, der aus seinem Schlafe geweckt wird. ²Und er sprach zu mir: Was siehst du? Und ich sprach: Ich sah, und siehe, einen Leuchter, ganz von Gold, und ein Oelgefäß an seinem Haupte, und seine sieben Lampen eine Siebenheit an ihm; und sieben Röhren zu den Lampen, die über seinem Haupte waren.

Das mittlere שׁבעָה sieben in B. 2. kann nicht zu dem darauf Folgenden gezogen werden, weil es dann in Uebereinstimmung mit der aneinander reihenden Aufzählung der Stücke ebenso wie diese mit ו be= ginnen müßte; wegen des fehlenden ו gehört es zum Vorhergehenden, und es hebt die sieben Lampen als eine Siebenheit am Leuchter hervor, wo= durch ein Anknüpfungspunkt für die in B. 10. vorkommende Siebenzahl geboten ist.

³ Und zwei Oelbäume waren daran, einer zur Rechten des Oel=
gefäßes und einer zu seiner Linken. ⁴ Und ich antwortete und sprach
zu dem Engel, der mit mir redete, also: Was sind diese? mein
Herr! ⁵ Und der Engel, der mit mir redete, antwortete und sprach
zu mir: Weißt du nicht, was diese sind? Und ich sprach: Nein,
mein Herr. ⁶ Und er antwortete und sprach zu mir also: Dies ist
das Wort Jehovas an Zorobabel, indem er spricht: Nicht durch
Macht und nicht durch Kraft, sondern durch meinen Geist, sprach
Jehova der Heerscharen. ⁷ Wer bist du großer Berg? Vor Zoro=
babel zur Ebene! und er bringt den Schlußstein hervor unter dem
Rufe: Heil, Heil ihm! ⁸ Und es erging das Wort Jehovas an
mich, indem er sprach: ⁹ Die Hände Zorobabels haben dieses Haus
gegründet, und seine Hände werden es vollenden. Und du wirst er=
kennen, daß Jehova mich zu euch gesandt hat. ¹⁰ Denn wer ver=
achtete den Tag kleiner Dinge? Aber es freuten sich und sahen
das Senkblei in der Hand Zorobabels diese Sieben, Augen Jehovas
sind sie, welche die ganze Erde durchziehen. — ¹¹ Und ich antwortete
und sprach zu ihm: Was sind diese zwei Oelbäume zur Rechten des
Leuchters und zu seiner Linken? ¹² Und ich antwortete zum zweiten
Male und sprach zu ihm: Was sind die zwei Zweige der Oelbäume,
welche an den zwei Gußröhren von Gold sind, das Gold von sich
her ausstreckend?

Die Oelbäume und Zweige waren keine Theile des Leuchters und nicht
von Gold. An jedem Oelbaume streckte ein Zweig eine an diesem be=
festigte goldene Zuleitungsröhre nach dem Oelgefäße hin, so daß das Oel
aus dem Oelbaume von dem Zweige durch die Zuleitungsröhre in das
Oelgefäß floß und von hier aus durch sieben Röhrchen zu den sieben
Lampen geleitet wurde. Da die Gußröhren von Gold waren, so streckten
die beiden Zweige an den Oelbäumen Gold aus. Will man bei הַמְרִיקִים
die Bedeutung ausgießen festhalten, so ist הַזָּהָב nicht als Accus. des
Obj., sondern als Accus. der Richtung aufzufassen.

¹³ Und er sprach zu mir also: Weißt du nicht, was diese sind?
Und ich sprach: Nein, mein Herr! ¹⁴ Und er sprach: Diese sind
zwei Söhne des Oeles, welche vor dem Herrn der ganzen Erde
stehen.

Für das Heiligthum, in welchem das christliche Hohepriesterthum und
das christliche Kaiserthum zu Dienern Gottes bestellt sind, gibt die folgende

Viſion das Grundgeſetz der Heiligkeit: Du ſollſt lieben Gott über alles
und den Nächſten wie dich ſelbſt, durch den Fluch über die Ueber=
tretung dieſes Geſetzes an. Das Maß der Rolle iſt von dem Heiligen
der Stiftshütte entnommen, der Fluch über den Meineidigen bezieht ſich
auf die Gebote der erſten Geſetzestafel und der Fluch über den Dieb auf
die Gebote der zweiten.

¹Und ich erhob wieder meine Augen und ſah, und ſiehe: eine
fliegende Rolle. ²Und er ſprach zu mir: Was ſiehſt du? Und ich
ſprach: Ich ſehe eine fliegende Rolle, ihre Länge iſt zwanzig Ellen
und ihre Breite zehn Ellen. ³Und er ſprach zu mir: Dies iſt der
Fluch, der über die Oberfläche der ganzen Erde ausgeht; denn jeder,
der ſtiehlt, wird von hier gemäß dieſem weggetilgt, und jeder, der
ſchwört, wird von hier gemäß dieſem weggetilgt. ⁴Ich ließ ihn (den
Fluch) hervorgehen, ſpricht Jehova der Heerſcharen, und er kommt
über das Haus des Diebes und über das Haus deſſen, der bei
meinem Namen falſch ſchwört, und er bleibt in ſeinem Hauſe und
vernichtet es und deſſen Holz und deſſen Steine.

Mit dem Prieſterthume der vierten Viſion wird in der fünften das
Fürſtenthum in Parallele geſtellt, mit der Gründung des Heiligthums in
der dritten Viſion ſteht das Geſetz der Heiligkeit der ſechsten Viſion in
Parallele. Dieſe rückſchreitende Parallele ſetzt ſich dadurch fort, daß den
vier Hörnern der zweiten Viſion das Epha im Lande Nimrods der ſiebenten
Viſion entſpricht, und den Pferden der erſten Viſion die Pferde der achten.
Der Inhalt der beiden erſten Viſionen ging der Gründung des Heilig=
thums voraus, der Inhalt der beiden letzten Viſionen geht der Vollendung
des Heiligthums vorher. Das Maß der Gottloſigkeit, das im Lande
Sinear aufgerichtet wird, ſteht im Gegenſatze mit dem Maße des Heilig=
thums der ſechsten Viſion, und das Land des Thurmbaues mit dem
Lande des Heiligthums. Das Weib im Scheffel iſt die babyloniſche Hure
und die beiden fliegenden Weiber entſprechen den Schlangen bei Jſaias.

⁵Und der Engel, der mit mir redete, ging hervor und ſprach zu
mir: Erhebe doch deine Augen und ſiehe, was dies Hervorkommende
iſt. ⁶Und ich ſprach: Was iſt das? Und er ſprach: Dies iſt das
Epha, das hervorkommt. Und er ſprach: Das iſt ihr Ausſehen im
ganzen Lande. ⁷Und ſiehe, eine Scheibe von Blei wurde aufgehoben,
und dies eine Weib ſaß allein im Epha. ⁸Und er ſprach: Dies iſt
die Gottloſigkeit, und er warf ſie mitten in das Epha und warf das

Bleiſtück auf deſſen Oeffnung. ⁹ Und ich erhob meine Augen und
ſah, und ſiehe, zwei Weiber kamen hervor, und Wind war unter
ihren Flügeln, und ſie hatten Flügel wie Storchflügel; und ſie hoben
das Epha zwiſchen Himmel und Erde. ¹⁰ Und ich ſprach zu dem
Engel, der mit mir redete: Wohin bringen dieſe das Epha? ¹¹ Und
er ſprach zu mir: Um ihm ein Haus zu bauen im Lande Sinear;
und man macht zurecht, und es wird dort auf ſein Geſtell geſetzt.

Die erſte Viſion, welche die Erfüllung der Weiſſagungen über die
Völkerbewegungen bis. zum Eintritte des Heiles bildlich darſtellt, enthält
von den vier Pferdefarben der achten Viſion noch nicht die ſchwarze; dieſe
muß alſo eine Macht ſein, welche verſchieden iſt von der durch die rothe
Farbe bezeichneten weſtaſiatiſchen Macht, ſo wie auch von der durch die
geſprenkelte Farbe bezeichneten griechiſchen und von der durch die weiße
Farbe bezeichneten römiſchen Macht. In der Reihenfolge der Farben iſt
die ſchwarze an die Stelle der geſprengelten getreten, und letztere für ein
zweites Stadium zurückgeſchoben, ſo daß in dem erſten Stadium des
Bildes nur die rothe, die ſchwarze und die weiße Farbe auftreten. Da
die ſchwarzen Pferde nach Norden ziehen, ſo müſſen ſie eine nordiſche
Macht bezeichnen. Da die erſte Viſion die Völkerbewegung darſtellt,
welche der Gründung des Heiligthums vorhergeht, die achte Viſion dagegen die der Vollendung vorhergehende, ſo wird die in der achten Viſion
an der Stelle des das Judenthum befeindenden Griechenthums ſtehende
ſchwarze Farbe eine der Vollendung des Heiligthums feindliche Macht bezeichnen. Sie wird nebſt der rothen Farbe im erſten Stadium der Vollendung von der weißen Farbe der römiſchen Macht überwunden. Auf
das erſte Stadium, die Niederlage Magogs, folgt ſpäter das zweite Stadium der Vollendung, der Untergang des Antichriſt. Die beiden erzernen
Berge, zwiſchen denen die Züge hervorkommen, bezeichnen wohl die beiden
Hälften des geſpaltenen Oelbergs in K. 14, 4. und weiſen auf die Zeiten
des geſpaltenen römiſchen Reiches hin. Durch die Niederlage Magogs
würde dieſe Spaltung ſomit nicht völlig gehoben, ſondern im Oſten würde
ein abgetrennter Theil übrig bleiben.

⁶˒¹ Und ich erhob wieder meine Augen und ſah, und ſiehe, vier
Wagen kamen zwiſchen den zwei Bergen hervor, und die Berge
waren ehern. ² An dem erſten Wagen waren rothe Pferde, und an
dem zweiten Wagen ſchwarze Pferde. ³ Und an dem dritten Wagen
waren weiße Pferde, und an dem vierten Wagen waren die Pferde

gesprenkelt, stark. ⁴ Und ich antwortete und sprach zu dem Engel, der mit mir redete: Was sind diese? mein Herr! ⁵ Und der Engel antwortete und sprach zu mir: Diese sind die vier Winde des Him= mels, die von ihrer Aufstellung vor dem Herrn der ganzen Erde ausziehen. ⁶ Woran die schwarzen Pferde sind, ziehen nach dem Lande des Nordens, und die weißen folgten ihnen nach, und die ge= sprengelten zogen aus nach dem Lande des Südens. ⁷ Und die starken zogen aus und suchten zu gehen, die Erde zu durchziehen. Und er sprach: Gehet, durchziehet die Erde. Und sie durchzogen die Erde. ⁸ Und er rief mir und sprach zu mir also: Siehe, die nach dem Lande des Nordens ziehen, bringen zur Ruhe meinen Geist im Lande des Nordens.

Die bei der folgenden symbolischen Handlung vorkommenden Namen Cheldai = Langelebender, Tobijjah = Güte Gottes, Jedajah = Erkenntniß Gottes, Josijjah = Stütze Gottes haben symbolische Bedeutung; und um dieses scharf hervortreten zu lassen, erfolgt bei der zweiten Nennung in V. 14. eine Abänderung, indem Chelem = Stärke für Cheldai, und Chen = Gnade für Josijja gesetzt wird. Durch die Anfertigung der Krone wird die Wiederherstellung des Königthums nach der Gefangenschaft dar= gestellt, nach deren Zeitpunkt die Jünger einst den Herrn fragten. Eine solche Wiederherstellung bildet den Schluß der assyrischen Gefangenschaft Israels und erfolgt nach der Niederlage Magogs durch Wiederherstellung des heiligen Reiches der Christenheit nach einer siebenzigjährigen Unter= brechung.

⁹ Und es erging das Wort Jehovas an mich, indem er sprach: ¹⁰ Nimm von der Gefangenschaft, von Cheldai, von Tobijjah und von Jedajah, und du sollst an diesem Tage gehen, und gehst in das Haus des Josijjah, des Sohnes des Sephanjah, wohin sie von Babel kamen. ¹¹ Und du sollst Gold und Silber nehmen, und Kronen machen und setzen auf das Haupt des Jehosua, des Sohnes des Jehosadak, des Hohenpriesters. ¹² Und du sollst zu ihm also reden: So sprach Jehova der Heerschaaren, indem er spricht: Siehe einen Mann, Sproß ist sein Name, von seiner Stelle sproßt er auf und bauet den Tempel Jehovas. ¹³ Und er wird den Tempel Jehovas bauen und Hoheit tragen. Und er sitzt und herrscht auf seinem Throne. Und er ist Priester auf seinem Throne. Und der Rath des Friedens ist zwischen ihnen beiden.

Die beiden im letzten Satze können nur der Messias und Jehova sein. Vor seiner zweiten Ankunft läßt der Messias sein Hohespriesteramt und sein Königsamt durch Stellvertreter verwalten. Da der Prophet Gold und Silber nehmen soll, die Zahl der Kronen aber nicht angegeben ist, so ist eine goldene und eine silberne Krone anzunehmen. Daß die Kronen nicht |dem Zorobabel, dem Fürsten, sondern dem Hohenpriester vom Propheten aufgesetzt werden, läßt eine merkwürdige Stellung des Hohenpriesterthums zum Königsamte vermuthen. Wenn diese im Plane der Vorsehung liegt, wird keine christliche Macht im Kampfe gegen diese Idee bestehen.

¹⁴ Und die Kronen sollen dem Chelem und dem Tobijjah und den Chen, dem Sohne des Sephanjah, zum Andenken im Tempel Jehovas sein. ¹⁵ Und Ferne werden kommen und am Tempel Jehovas bauen, und ihr werdet erkennen, daß Jehova der Heerscharen mich zu euch gesandt hat; und es geschieht, wenn ihr auf die Stimme Jehovas eures Gottes höret.

C. Dritter Theil.

Ende des Exils.

K. 7—8.

Dieser Theil, der mit dem ersten in Parallele steht, enthält vier Glieder; im ersten, 7, 1—7. erhalten die Juden auf ihre Anfrage über das Fasten wegen der Zerstörung Jerusalems die Antwort, daß keine Trauer über die Erfüllung der längst angedrohten Strafe nöthig sei; im zweiten, V. 8—14. wird ihnen aufrichtige Frömmigkeit befohlen und dabei dunkel zu verstehen gegeben, daß das Exil sich noch einmal wiederholen werde; im dritten, V. 8, 1—17. wird ein Abschluß des Exils durch einen Einzug Jehovas in Sion und durch Rückkehr der Zerstreuten verheißen, der wegen des Zusammenhanges mit den beiden vorhergehenden Gliedern sich sowohl auf die Gründung als auf die Vollendung des Messianischen Heiligthums beziehen kann, und die Bekehrung der Völker bei dieser Gründung und Vollendung ist Gegenstand des vierten Gliedes.

⁷ʼ¹ Und es geschah im vierten Jahre des Königs Darius, daß das Wort Jehovas an Zacharias erging am vierten des neunten Mo=

nats, im Kislew. ² Und es sandte Bethel den Sarasar und den Rogommelech und seine Männer, um das Antlitz Jehovas anzuflehen, ³ um zu den Priestern, die am Hause Jehovas der Heerscharen waren, und zu den Propheten also zu sprechen: Soll ich weinen im fünften Monate unter Fasten, wie ich diese so viele Jahre gethan habe? ⁴ Und es erging das Wort Jehovas der Heerscharen an mich also. ⁵ Rede zu dem ganzen Volke des Landes und zu den Priestern also: Wenn ihr gefastet habet auch mit Wehklagen im fünften und im siebenten Monate und zwar diese siebenzig Jahre, habet ihr gefastet, über mich? ⁶ Und wenn ihr esset und wenn ihr trinket, seid ihr nicht die Essenden und ihr die Trinkenden? ⁷ Ist es nicht über die Worte, welche Jehova durch die frühern Propheten geredet hat, als Jerusalem bewohnt und in Ruhe, und seine Städte rings um selbes und die Südgegend und die Niederung bewohnt waren?

⁸ Und es erging das Wort Jehovas an Zacharias, indem er sprach: ⁹ So sprach Jehova der Heerscharen, indem er spricht: Richtet Recht der Wahrheit und übet Liebe und Erbarmen der eine am andern. ¹⁰ Und bedrücket nicht Wittwe und Waise, Fremdling und Armen; und Unheil, des einen der andere, ersinnet nicht in euren Herzen. ¹¹ Aber sie weigerten sich zu beachten, machten widerspenstig den Nacken und verhärteten ihre Ohren vor dem Hören. ¹² Und ihr Herz machten sie zu Diamant statt zu hören das Gesetz und die Worte, welche Jehova der Heerscharen durch seinen Geist vermittelst der frühern Propheten sandte, und es entstand ein großer Zorn von Jehova der Heerscharen. ¹³ Und es geschah, wie er rief und sie nicht hörten, so werden sie rufen, aber ich werde nicht hören, sprach Jehova der Heerscharen. ¹⁴ Und ich werde sie zerstreuen unter alle Völker, die sie nicht kennen, und das Land wird hinter ihnen verwüstet, daß man nicht hin noch her wandert; und sie machten das herrliche Land zur Wüste.

⁸′¹ Und es erging das Wort Jehovas der Heerscharen, indem er sprach: ² So sprach Jehova der Heerscharen: Mit großem Eifer habe ich für Sion geeifert, und mit großem Zorne für selbes geeifert. ³ So sprach Jehova: Ich kehrte nach Sion zurück und wohne inmitten Jerusalems. Und Jerusalem wird genannt Stadt der Wahrheit, und der Berg Jehovas der Heerscharen heiliger Berg. ⁴ So sprach Jehova der Heerscharen: Es werden noch Greise und Greisinnen

auf den Plätzen Jerusalems sitzen, jeder mit seinem Stabe in der Hand wegen der Menge der Tage. [5] Und die Plätze der Stadt werden voll von Knaben und Mädchen, welche auf ihren Plätzen spielen. [6] So sprach Jehova der Herrscharen: Wenn dieses wunderbar ist in den Augen des Restes dieses Volkes in diesen Tagen, sollte es auch in meinen Augen wunderbar sein? spricht Jehova der Heerscharen. [7] So sprach Jehova der Heerscharen: Siehe, ich rette mein Volk aus dem Lande des Aufganges und aus dem Lande des Unterganges der Sonne. [8] Und ich führe sie her, und sie wohnen inmitten Jerusalems, und sie sollen mein Volk sein, und ich will für sie Gott sein in Wahrheit und Gerechtigkeit. [9] So sprach Jehova der Heerscharen: Stark seien eure Hände, die ihr in diesen Tagen diese Worte aus dem Munde der Propheten höret, welche am Tage der Gründung des Hauses Jehovas der Heerscharen zur Erbauung des Tempels sind. [10] Denn vor diesen Tagen gab es keinen Lohn des Menschen, und ein Lohn des Viehes war nicht da, und für den Weggehenden und für den Ankommenden war kein Friede vor dem Dränger, und ich schickte alle Menschen wider einander. [11] Aber jetzt bin ich nicht wie in den frühern Tagen dem Reste dieses Volkes, spricht Jehova der Heerscharen. [12] Denn die Saat des Friedens, der Weinstock soll seine Frucht geben, das Land seinen Ertrag geben, und der Himmel seinen Thau geben, und ich lasse den Ueberrest dieses Volkes alles dieses in Besitz nehmen. [13] Und es geschieht, wie ihr Haus Juda und Haus Israel! ein Fluch unter den Völkern waret, so errette ich euch, und ihr werdet ein Segen. Fürchtet euch nicht, eure Hände seien stark. [14] Denn so sprach Jehova der Heerscharen: Wie ich sann euch Böses zu thun, als eure Väter mich erzürnten, sprach Jehova der Heerscharen, und mich nicht gereuen ließ, so kann ich wieder in diesen Tagen, Jerusalem und dem Hause Juda Gutes zu thun. Fürchtet euch nicht. [16] Das sind die Dinge, die ihr thun sollet: Redet die Wahrheit, der eine mit dem andern; Wahrheit und Gericht des Friedens richtet in euren Thoren, und sinnet nicht in euren Herzen der eine auf das Unheil des andern, und liebet nicht falschen Eid; denn alles dieses ist, was ich hasse, spricht Jehova.

[18] Und es erging das Wort Jehovas an mich, indem er sprach: [19] So sprach Jehova der Heerscharen: Das Fasten des vierten und das Fasten des fünften und das Fasten des siebenten und das Fasten

des zehnten (Monats) soll dem Hause Juda zur Freude und zur Wonne und zu guten Festen werden; und Wahrheit und Frieden sollet ihr lieben. ²⁰ So sprach Jehova der Heerscharen: Es ist noch, daß Völker und Bewohner vieler Städte kommen, ²¹ und die Bewohner der einen gehen zur andern, indem sie sprechen: Laßt uns hinziehen, das Antlitz Jehovas anzuflehen und Jehova der Heerscharen zu suchen, auch ich ziehe hin. ²² Und es kommen viele Völker und mächtige Nationen, Jehova der Heerscharen in Jerusalem zu suchen und das Antlitz Jehovas anzuflehen. ²³ So sprach Jehova der Heerscharen: In diesen Tagen ist es, daß zehn Männer von allen Zungen der Nationen ergreifen und festhalten den Saum eines jüdischen Mannes, indem sie sprechen: Wir wollen mit euch ziehen, denn wir haben gehört, daß Gott mit euch ist.

D. Vierter Theil.
Gründung und Vollendung der Kirche.
K. 9—14.

Der vierte Theil besteht aus zwei viergliedrigen Hälften, deren acht Glieder mit den acht Visionen des zweiten Theiles in Parallele stehen. Die erste Hälfte bezieht sich überwiegend auf die Gründung der Kirche, die zweite auf die Vollendung derselben.

1. Die Gründung der Kirche.
K. 9—11.

Die vier Glieder dieser ersten Hälfte sind 9, 1—8; 9, 9—17; 10, 1—12; 11, 1—17.

a. Zubereitung des Landes für die Ankunft des Messias.
K. 9, 1—8.

In der ersten Vision, 1, 15. ist ein Zorn über die damals in Ruhe lebenden Völker des persischen Reiches angekündigt, K. 9, 1—8. weissagt die Verwirklichung desselben an dem Gebiete, das nach 4 Mos. 34 die Unterlage für Israel und nach Ezech. das Gebiet des erneuerten Heiligthums werden sollte. Da dieses Gebiet zur Zeit des Zacharias zum perfifchen Reiche gehörte, und da im folgenden Gliede, 9, 9—17. ein Kampf zwiſchen Sion und Javan geweiſſagt wird, ſo iſt unter dem in 9, 1—8. angegebenen Umſturze die Eroberung dieſes Gebietes durch die Griechen zu verſtehen.

⁹ʾ¹ Laſt iſt Jehovas Wort im Lande deiner Umgrenzung und Da= maskus deſſen Ruheſtätte, denn ein Auge hat Jehova auf Menſchen und Jsraels ſämmtliche Stämme; ² auch Emath grenzt daran, und Tyrus und Sidon, denn Weisheit iſt Stärke. ³ Und Tyrus baute eine Feſte dazu und häufte Silber wie Staub und Gold gleich dem Kothe der Gaſſen. ⁴ Siehe der Herr vertreibt es, ſchlägt ſeine Macht im Meere, und es wird vom Feuer verzehrt. ⁵ Schauen wird As= kalon und ſich fürchten, auch Gaza und ſich winden gewaltig, auch Ekron, denn ſeine Hoffnung wurde zu Schanden. Und aus Gaza geht unter der König, und Askalon wird nicht bewohnt. ⁶ Und in Asdod wohnt ein Miſchling, und ich vertilge den Stolz der Philiſter. ⁷ Und ich entferne ſein Blut aus ſeinem Munde, ſeine Gräuel weg von ſeinen Zähnen; und es bleibt übrig auch er für unſern Gott und wird wie ein Stammfürſt in Juda, und Ekron wie ein Jebuſit. ⁸ Und ich umlagere mein Haus wider Heeresmacht und wider den Hin= und Herzügler, nnd es ſoll über ſie (das Lager) ferner ein Dränger nicht kommen, denn jetzt habe ich mit meinen Augen zu= geſehen.

b. Kampf zwiſchen Sion und Javan.
K. 9, 9—17.

Der in dieſem Gliede angekündigte Kampf ſteht in merkwürdigem Ver= hältniſſe zu dem der zweiten Viſion 1, 18—21, in welchem dem feindlichen Griechenthume die Hörner von den Machabäern abgeſchlagen werden. Bei dem Kampfe dagegen, den der unter Jubel in Sion einziehende Meſſias gegen Javan führen wird, ſoll Ephraim keine Kriegswagen und Jeruſalem keine Roſſe gebrauchen, und der Kriegsbogen ſoll zerbrochen werden. Den Völkern wird der Friede des Evangeliums verkündigt und das Reich des Meſſias verbreitet ſich über die Erde. Gegen Javan, d. i. Griechenland und Rom wird der Hauptkampf ſtattfinden. Unter dem Schutze Gottes, der mit ſeinen Blitzen die Feinde niederſtreckt, ſtürzt die Burg des Hei= denthums, wie einſt Jericho, unter dem Schalle der Poſaune des Evan=

7

geliums, und Jehova nimmt Besitz von der Heidenburg, wie er einst auf Sinai unter Donner und Blitz mit seinem Volke den Bund schloß. ⁹ Jubele hoch auf, Tochter Sions! Jauchze, Tochter Jerusalems! Siehe dein König kommt zu dir, gerecht und siegreich, gering und reitend auf einem Esel, und zwar auf einem Füllen, der Eselinnen Sohne. ¹⁰ Und ich vertilge aus Ephraim Wagen, und Roß aus Jerusalem, und zerbrochen ist der Bogen des Krieges, und Er redet Frieden den Völkern, und seine Herrschaft ist von Meer zu Meer und vom Strome bis zu den Grenzen der Erde. ¹¹ Auch du (Sion) entließest ob des Blutes deines Bundes deine Gefangenen aus einer Grube, worin kein Wasser.

Auch das jüdische Volk befand sich wie Jeremias bei der Belagerung Jerusalems zur Zeit des Messias, als das heidnische Babel den wahren Tempel des Messias tödtete, in einer wasserlosen Grube, aus der aber der den Messias anerkennende geistige Kern des Volkes errettet und in das Friedensreich des Messias aufgenommen wurde.

¹² Kehret um zur Burg, Gefangene der Hoffnung! auch den Tag verkündend bringe ich dir (Sion) einen Umschwung. ¹³ Denn ich habe mir Juda als Bogen gespannt, mit Ephraim gefüllt, und deine Söhne, o Sion! aufgeregt wider deine Söhne, o Javan! und ich mache dich wie ein Heldenschwert. ¹⁴ Und Jehova erscheint über ihnen, und sein Pfeil geht hervor wie der Blitz; und Jehova der Herr stößt in die Posaune und wandelt in Stürmen des Südens. ¹⁵ Jehova der Heerschaaren schirmt über ihnen, und sie essen, und sie zertreten Schleudersteine, und sie trinken und rasen wie Wein, und sind voll wie eine Opferschale, wie die Ecken des Altars. ¹⁶ Und Jehova ihr Gott rettet sie an diesem Tage, wie eine Herde ist sein Volk, denn als Kronensteine schimmern sie in seinem Lande. ¹⁷ Denn was ist seine Güte und was seine Schönheit! Korn läßt Jünglinge, und Most Jungfrauen sprossen.

Diese wunderbare Speise ist das Geheimniß des Christenthums.

c. Der Messias und die Apostel als Frucht Juda's und Grundlage des Heiligthums.

K. 10.

Wie in der dritten Vision, K. 2. die Errichtung eines Heiligthums verkündet wird, das Jerusalems und vieler Völker Mittelpunkt werden soll, so zeigt das dritte Glied, K. 10., daß Juda unter höherem Segen Früchte hervorbringt, welche zu Säulen des Heiligthums werden und als starke Helden die Welt überwinden; sie sammeln die Völker, durchschreiten das rothe Meer der Trübsal und Verfolgung und ziehen mit ihren Herden in das gelobte Land ein.

[10,1] Bittet von Jehova Regen. Zur Zeit des Erntefestes macht Jehova Blitze, und Regenguß gibt er zu ihnen männiglichem Sprosse auf dem Felde. [2] Denn die Teraphim redeten Wahn und die Wahr=sager schauten Trug, und trügende Träume reden sie, sinnlos trösten sie. Darum brachen sie auf, wie eine Herde kümmern sie, wenn kein Hirt ist. [3] Ueber die Hirten entbrannte mein Zorn, und die Leithämmel suche ich heim; denn es schaute Jehova der Heerscharen nach seiner Herde, dem Hause Juda, und macht sie wie das Roß seiner Pracht im Kriege. [4] Aus ihm soll Eckstein, aus ihm Pflock, aus ihm Bogen des Krieges, aus ihm jeder Herrscher hervorgehen zumal. [5] Und sie werden gleich Helden tretend den Koth der Gassen im Kriege und kämpfen, denn Jehova ist mit ihnen, und zu Schanden werden Reiter von Rossen. [6] Und ich stärke das Haus Juda und beglücke das Haus Joseph und siedle sie an, denn ich erbarmte mich ihrer, und sie werden, wie da ich sie nicht verstieß, denn ich Jehova bin ihr Gott und erhöre sie. [7] Und gleich einem Helden wird Ephraim, und es freut sich ihr Herz, wie des Weines; und ihre Söhne schauen sie und freuen sich, es jubelt ihr Herz in Jehova. [8] Ich will sie locken, und ich sammle sie, denn ich erlösete sie, und sie werden sich mehren, wie sie sich mehrten. [9] Und ich säe sie unter die Völker, und unter Fernen gedenken sie mein; und sie leben mit ihren Söhnen und kehren zurück. [10] Und ich führe sie zurück aus dem Lande Aegypten und sammle sie aus Assur, und bringe sie in das Land Galaad und zum Libanon, und nicht findet sich für sie. [11] Und man geht durch das Meer der Trübsal und schlägt die Wellen im Meere, und alle Tiefen des Stromes versiegen. Gebeugt wird Assurs Stolz, und Aegyptens Stab wird weichen. [12] Und ich mache sie stark in Jehova, und in seinem Namen werden sie wandeln, spricht Jehova.

d. Der Messias als Hirt.
K. 11.

In V. 1—6. wird der trostlose Zustand der Herde unter dem Joche der Römer beschrieben, welche dem Messias zur Hütung überwiesen wird.

7 *

Der Messias übernimmt nach B. 7—11 die Hut, zerbricht aber zuletzt seinen Hirtenstab der Gnade, weil die Herde des Hirten überdrüssig ist, und diese verfällt einem Untergange, daß selbst das bei dem Bunde Gottes mit Noe gegebene Verbot, Menschenblut zu vergießen, sie nicht mehr schützt. Die B. 12—14. zeigen die Scheidung zwischen dem alten Israel und dem neuen Juda, welch' letzteres der Messias aus dem Verderben herausgerissen hat. Bei dieser Scheidung erhält der Messias als Lohn für seine Bemühung für die unverbesserliche Herde 30 Silberlinge von dem Verräther in den Tempel zurückerstattet. Für dieses Geld wird ein Begräbniß angekauft, wie einst Abraham in dem Lande, daß seine Nachkommen in Besitz nehmen sollten, ein Begräbniß ankaufte, und wie Jeremias im Kerker während der Belagerung Jerusalems einen Acker ankaufen mußte zum Zeichen, daß nach der auf die Zerstörung Jerusalems und des Tempels erfolgenden Gefangenschaft eine Rückkehr und Wiedergewinnung des Landes eintreten sollte. Die von Jeremias geweissagte Rückkehr fand eine vorläufige Erfüllung durch die Rückkehr aus dem babylonischen Exil, eine spätere durch den Abschluß des assyrischen Exils steht noch bevor. Was Jeremias durch seine Handlung weissagte, faßt Zacharias in Worte. Die letzten Verse 15—17. enthalten den Befehl, der Messias solle sich das Geräthe des thörichten Hirten nehmen, nämlich die Schwerter, welche Petrus bei dem Gange in den Garten Gethsemani mitnehmen mußte. Welches Unheil das Schwert in der Hand der jüdischen Häupter nach der Verwerfung des Messias anrichtete, erzählt Fl. Josephus. Als der jüdische Hohepriester über den Messias das Todesurtheil sprach, verwarf Israel den Eckstein, der das jüdische Lehramt, Priesteramt und Hirtenamt als drei Hirten der elenden Herde verworfen hatte. Statt des verworfenen Hirtenamtes hatte der Messias in dem neuen Juda, das vom alten Israel losgetrennt wurde, ein neues Hirtenamt gegründet, und den ersten Oberhirten rettete er beim Abbruche des wahren Tempels wie einen Feuerbrand aus dem Verderben. Zwischen der vierten Vision, K. 3. und dem vierten Gliede, K. 11. besteht somit eine deutliche Wechselbeziehung.

11,1 Oeffne Libanon deine Thore, und Feuer fresse an deinen Cedern.
2 Heule Cypresse, denn es·fiel die Ceder, da die Herrlichen verwüstet wurden; heulet, ihr Eichen Basans! denn der hohe Wald ist gestürzt. 3 Eine Stimme des Geheules der Hirten! denn verwüstet wurde ihre Herrlichkeit; eine Stimme des Gebrülles der jungen Löwen, denn

des Jordan Herrlichkeit wurde verwüstet. ⁴ So sprach Jehova mein Gott: Weide die Herde der Schlachtung, deren Besitzer würgen und nicht sich verschulden auch sie verkaufend. Man spricht: Gepriesen sei Jehova, und ich wurde reich. Und ihr Hirtling schont ihrer nicht. ⁶ Denn nicht will ich ferner verschonen der Bewohner des Landes, spricht Jehova; denn siehe, ich übergebe die Menschen, den einen in die Hand des andern und in die Hand seines Königs, und sie verderben das Land, aber ich errette nicht aus ihrer Hand. ⁷ Und ich weidete die Herde der Schlachtung wie die Geringen der Herde. Und ich nahm mir zwei Stäbe, den einen nannte ich Gnade und den andern nannte ich Verbinder, und ich weidete die Herde. ⁸ Und ich entfernte die drei Hirten in einem Monate. Und meine Seele wurde unwillig über sie, und auch ihre Seele wurde meiner überdrüssig, ⁹ und ich sprach: Ich will euch nicht mehr weiden, das Sterbende sterbe, und das Verkommende verkomme, und die Uebrigbleibenden mögen fressen das eine das Fleisch des andern. ¹⁰ Und ich nahm meinen Stab, die Gnade, und zerbrach ihn, um aufzuheben meinen Bund, den ich mit allen Völkern geschlossen habe. ¹¹ Und er wurde aufgehoben an diesem Tage, und so erkannten die Geringen der Herde, welche auf mich achteten, daß es das Wort Jehovas war.

¹² Und ich sprach zu ihnen: Wenn es gut ist in euren Augen, so gebet mir meinen Lohn, und wenn nicht, unterlasset's. Und sie wogen meinen Lohn, dreißig Silberlinge. ¹³ Und Jehova sprach zu mir: Wirf ihn dem Töpfer hin, den herrlichen Preis, dessen ich von ihnen werthgeachtet bin. Und ich nahm die dreißig Silberlinge, und warf sie in das Haus Jehovas für den Töpfer. ¹⁴ Und ich zerbrach meinen zweiten Stab: Verbinder, um die Verbrüderung zwischen Juda und Israel aufzuheben.

¹⁵ Und Jehova sprach zu mir: Nimm dir noch Geräth eines thörichten Hirten. ¹⁶ Denn siehe, ich lasse im Lande aufstehen einen Hirten; das Verkommene beachtet er nicht, das Zerstreute sucht er nicht, das Verwundete heilt er nicht, das Stehende versorgt er nicht, aber das Fleisch des Fetten frißt er und ihre Klauen zerreißt er. ¹⁷ Wehe dem thörichten Hirtling! der die Herde verläßt. Das Schwert über seinen Arm und sein rechtes Auge! Sein Arm verdorre, und sein rechtes Auge erblinde.

2. Die Vollendung des Messianischen Reiches.

K. 12—14.

Diese zweite Hälfte des vierten Theiles des Buches Zacharias besteht aus vier Gliedern, K. 12, 1—9; K. 12, 10—13; K. 13, 1—6; K. 13, 7—14, 21.

a. Jerusalem als Rom.

K. 12, 1—9.

Nach V. 1. ist das Wort Jehovas eine Last für Israel, das nach dem vorigen Gliede K. 11. von dem neuen Juda abgetrennt und dem Verderben übergeben wird. In dem neuen Juda werden in K. 12, 1—9 unterschieden 1. Juda als Landesgebiet, 2. die Hauptstadt Jerusalem als Mittelpunkt, 3. das Haus Davids als Herrscher. Nach V. 7. wird statt des Jerusalems zu Jerusalem ein Jerusalem wohnen, der Mittelpunkt des neuen Reiches bleibt somit nicht in dem alten Jerusalem. Im Anfange wird die Machtentfaltung des neuen Reiches Juda mehr hervortreten, und dieses wird selbst mit dem in der ersten Zeit noch nicht in Herrlichkeit hervortretenden Mittelpunkt in Kampf gerathen, aber bekennen müssen, daß die Pforten der Hölle den Felsen nicht überwinden können. Erst mit dem glänzenden Hervortreten des Mittelpunktes kommt auch die christliche Fürstengewalt, das Kaiserthum, zur Entfaltung. Gegen dieses Gesammtjuda führt die ganze Völkerwelt Krieg, aber die Feinde Roms unterliegen, und aus der Parallele dieses fünften Gliedes, 12, 1—9. mit der fünften Vision ergibt sich, daß bei der Vollendung, wenn der Schlußstein eingesetzt wird, das Papstthum und das Kaiserthum in voller Herrlichkeit zum Dienste Gottes im Heiligthum hervortreten.

¹²˒¹ Last ist Jehovas Wort über Israel, spricht Jehova, der den Himmel ausspannt und die Erde bildet und den Geist des Menschen in seinem Innern bildet. ² Siehe, ich mache Jerusalem zur Taumelschwelle für alle Völker ringsum, und auch für Juda ist sie bei der Bedrängung Jerusalems. ³ Und es geschieht an diesem Tage, daß ich Jerusalem zum Laststeine mache allen Völkern; alle, die ihn auflasten, verletzen sich, und ich versammle wider ihn alle Nationen der Erde. ⁴ An diesem Tage, spricht Jehova, schlage·ich jedes Roß mit Scheu und seinen Reiter mit Wahnsinn, und über das Haus Juda

öffne ich meine Augen, aber jedes Roß der Völker schlage ich mit Blindheit. ⁵ Und es sprechen die Fürsten Juda's in ihrem Herzen: Stärke sind mir die Bewohner Jerusalems in Jehova der Heerschaaren, ihrem Gotte. ⁶ An diesem Tage mache ich die Fürsten Judas gleich einem Feuerbecken unter Hölzern und wie eine Feuerfackel unter Garben, und sie verzehren zur Rechten und zur Linken alle Völker ringsum, und es wohnt ferner Jerusalem statt des zu Jerusalem. ⁷ Und Jehova rettet die Zelte Juda's anfangs, damit die Herrlichkeit des Hauses Davids und die Herrlichkeit des Bewohners Jerusalems nicht groß sei über Juda. ⁸ An diesem Tage schirmt Jehova über den Bewohner Jerusalems, und es wird der Strauchelnde unter ihnen an diesem Tage wie David, und das Haus Davids wie Gott, wie der Engel Jehovas vor dessen Antlitze. ⁹ Und es geschieht an diesem Tage, daß ich alle Nationen zu vertilgen suche, welche wider Jerusalem heranziehen.

b. Die große Trauerklage.
K. 12, 10—14.

Das vorige Glied deutet auf eine doppelte Bedrängniß Jerusalems hin, auf eine im Anfange des Reiches, wo alle Anstrengungen der Völker wider Jerusalem scheitern, und auf eine spätere, wo alle Völker, welche Jerusalem bekämpfen, verwüstet werden sollen. Bei beiden wird über den Mittelpunkt der Kirche und über das Haus Davids der Geist der Gnade und des Flehens ausgegossen und sie blicken auf zu dem Gekreuzigten in ihrer Noth. Diese Noth entsteht durch die den Mittelpunkt der Kirche bedrängende Welt, und während die Kirche betet, ergeht nach der sechsten Vision der Fluch über die Welt, daß alles geraubte Gut und jeder Treubruch furchtbare Strafe nach sich zieht.

¹⁰ Und ich gieße aus über das Haus Davids und über den Bewohner Jerusalems den Geist der Gnade und des Flehens, und sie blicken auf mich, den sie durchbohrt haben, und sie klagen über ihn gleich der Klage über den Einzigen, und das Härmen um ihn ist gleich dem Härmen über den Erstgebornen. ¹¹ An diesem Tage ist groß die Trauer in Jerusalem gleich der Trauer Hadadrimmons im Thale Megiddo. ¹² Und es trauert das Land, die Familien gesondert, die Familien des Hauses Davids besonders und ihre Weiber besonders. Die Familien des Hauses Nathans besonders, und ihre Weiber be=

sonders. [13] Die Familien des Hauses Levis besonders, und ihre Weiber besonders. Die Familien des Hauses Simeis besonders, und ihre Weiber besonders. [14] Alle übriggebliebenen Familien nach Familien besonders, und ihre Weiber besonders.

c. Heiligung Jerusalems.
K. 13, 1—6.

Der doppelten Bedrängniß Jerusalems und der doppelten Trauerklage in K. 12. entspricht eine zwiefache Reinigung Jerusalems. Die erste war der Kampf gegen das Heidenthum, bei dem die Abgötterei und der unreine Geist überwunden werden mußte; bei der zweiten handelt es sich um Ueberwindung der Irrlehren. Letztere werden so vollständig überwunden, daß jeder sich einer neuen Lehre schämt und die Stigmatisirten auf der höchsten Stufe des mystischen Schauens von keiner andern Lehre, als der des Gekreuzigten, etwas wissen wollen. Der Strom des übernatürlichen Gnadenlebens entspringt aus den Wunden des Gekreuzigten. Der doppelten Heiligung Jerusalems steht das Babel der siebenten Vision entgegen, das als zwei eherne Berge, Sitz der Ungerechtigkeit ist. Der erste Berg ist die religionslose Staatsgewalt, der zweite ist die kirchenfeindliche moderne Gesellschaft, die sich an die Stelle Gottes setzen wollen.

[13,1] An diesem Tage ist eine Quelle geöffnet dem Hause Davids und den Bewohnern Jerusalems wider Sünde und wider Unreinigkeit. [2] Und es geschieht an diesem Tage, spricht Jehova der Heerscharen, daß ich die Namen der Götzen aus dem Lande vertilge, und nicht wird ihrer ferner gedacht. Auch die Propheten und den Geist der Unreinigkeit schaffe ich aus dem Lande. [3] Und es geschieht, wenn Jemand noch weissagt, so sprechen sein Vater und seine Mutter, seine Erzeuger, zu ihm: Du sollst nicht leben, denn du hast Lüge geredet im Namen Jehovas. Und es durchbohren ihn sein Vater und seine Mutter; seine Erzeuger, wegen seines Weissagens. [4] Und es geschieht an diesem Tage, daß zu Schanden werden die Propheten jeder wegen seines Gesichtes bei seinem Weissagen; und sie kleiden sich nicht in den härenen Mantel, um zu lügen. [5] Und man spricht: Ich bin kein Prophet, ein den Boden bearbeitender Mann bin ich, denn ein Mann hat mich gewonnen von meiner Jugend an. [6] Und man spricht zu ihm: Was für Wunden sind das in deinen Händen? Und er spricht: Die schlug man mir im Hause der mich Liebenden.

d. Die Vollendung.

K. 13, 7 — 14, 21.

Die Vollendung ist eine doppelte, die erste ist der Kreuzestod des Messias und das sich daran schließende Martyrium der Kirche im Kampfe gegen den heidnischen Staat. Die zweite Vollendung entwickelt sich in drei Stufen; 1. bei der Niederlage Magogs, 2. beim Untergange des Antichrist, 3. bei der allgemeinen Auferstehung. Ueber die letzte gibt Zacharias keine Andeutung, so daß in Uebereinstimmung mit der Anlage der drei vorhergehenden Glieder der zweiten Hälfte des letzten Theiles dem Tode des Messias und dem Martyrium der Kirche die Zerreißung der Kirche in den Zeiten Magogs und die Verfolgung durch den Antichrist gegenübersteht und durch die abermalige Theilung dieser beiden Gegen= stücke die durchgreifende Gliederung des Buches Zacharias im Schlußgliede als Finale zur abschließenden Entfaltung kommt. Durch die Parallele, in welcher dieses Schlußglied mit der achten Vision steht, erklären beide sich gegenseitig.

⁷ Schwert, erhebe dich wider meinen Hirten und wider den Mann, meinen Nächsten, spricht Jehova der Heerscharen; schlage den Hirten, und die Schafe werden zerstreut, und ich wende meine Hand zu den Kleinen. ⁸ Und es geschieht im ganzen Lande, spricht Jehova, daß zwei Theile darin ausgerottet werden, sie kommen um und der dritte bleibt darin übrig. ⁹ Und das Drittel bringe ich ins Feuer und schmelze sie, wie man Silber schmelzt, und läutere sie, wie man Gold läutert. Dieser wird meinen Namen anrufen, und ich werde ihn erhören; ich sprach: Dies ist mein Volk, und dieses spricht: Jehova ist mein Gott.

Nachdem das römische Reich durch das Martyrium für das Christenthum erobert war, folgte die in 14, 1—2 a. angegebene Eroberung und Plün= derung durch die Völkerwanderung, und auf diese die Gefangenschaft der dem orientalischen Schisma verfallenen Hälfte des Volkes durch die Er= oberungen des Muhamedanismus. Gegen diesen zog Gott nach V. 3. in den Krieg, der mit der Schlacht der Römer und Germanen gegen das Hunnenheer und mit den spätern Kämpfen der Karolinger begann, in den Kreuzzügen fortgesetzt wurde, und in dem bei dem Kampfe Magogs die babylonische Macht des Reiters auf rothem Pferde noch einmal auftreten wird. In der fränkischen Zeit trat Gott auf den Berg der Oelbäume, des damals überwiegend im Osten von Rom liegenden römischen Reiches, und der Berg spaltete sich in das südliche Kaiserreich der Griechen und das nördliche Kaiserreich der Deutschen. Nach der achten Vision haben die beiden Berge ihre Oelbäume verloren, der südliche ist in den Händen des babylonischen Reiters auf dem fahlen Rosse, aber Magog macht auf denselben Ansprüche und beherrscht ihn schon großentheils. Der nördliche Berg ist im Norden zum Nachbar Magogs geworden, und zwischen den beiden Bergen sitzt die Christenheit im Thale der Trübsal. Aber dieses Thal wird zum Thale Josaphats. Zwischen den beiden Bergen brechen die Rosse Magogs aus dem Osten hervor, die schwarzen vom nördlichen Berge, und die rothen aus dem Gebiete des südlichen Berges, und Jehova kommt mit seinen Heiligen in dieses Thal zur Rettung der Kirche, um sich an Magog vor den Augen der Völker als heilig zu beweisen.

¹ᵃ Siehe es kommt ein Tag für Jehova, getheilt wird deine Beute in deiner Mitte. ² Und ich versammle alle Nationen gen Jerusalem zum Kriege, und es wird die Stadt genommen, und die Häuser geplündert und die Weiber geschändet. — Und es geht die Hälfte der Stadt in die Gefangenschaft, und der Rest des Volkes wird nicht aus der Stadt vertilgt. ³ Und Jehova zieht aus und kämpft mit diesen Völkern wie am Tage seines Kampfes am Tage der Schlacht. ⁴ Und es stehen seine Füße an diesem Tage auf dem Berge der Oelbäume, der östlich vor Jerusalem ist. Und es spaltet sich der Berg der Oelbäume in der Mitte von Osten nach Westen zu einem sehr großen Thale. Und es weicht die Hälfte des Berges nach Norden, und seine Hälfte nach Süden. ⁵ Und ihr fliehet in das Thal meiner Berge, denn es reicht ein Gebirgsthal bis zum Auserwählten (Azel). Und ihr fliehet, wenn ihr flohet vor dem Erdbeben in den Tagen des Ozias, des Königs von Juda. ⁶ Und es kommt Jehova mein Gott, alle Heiligen mit dir. ⁷ Und es wird an diesem Tage sein, nicht wird Licht von Kostbarkeiten sein, sie verdunkeln. ⁷ Und es wird ein Tag sein, er ist Jehova bekannt, nicht Tag und nicht Nacht, und zur Zeit des Abends wird Licht.

Der Tag der Entscheidungsschlacht gegen Magog ist wie ein Chaos, aus dem die Neuschöpfung des Lichtes des Glaubens und des Wassers der Gnade für die Kirche entsteht. Dieses Wasser wird im Westen die germanischen Völker neu beleben und im Osten die schismatischen, und es wird die natürlichen Hindernisse überwinden, so daß die Herrschaft des Messias auf Erden zur Entfaltung kommt, und alle Weltherrlichkeit vor ihm erniedrigt wird.

⁸ Und es geschieht an diesem Tage, daß lebendiges Wasser aus Jerusalem hervorgeht, die Hälfte nach dem vorderen Meere und die Hälfte nach dem hinteren Meere; im Sommer und im Winter wird es sein. ⁹ Und Jehova wird König über die ganze Erde; an diesem Tage ist Jehova Einer und sein Name Einer. ¹⁰ Und es wandelt sich das ganze Land wie die Ebene, von Geba bis Rimmon südlich von Jerusalem.

Geba lag an der nördlichen Grenze Juda's, Rimmon an der südlichen gegen Edom. Die beiden Grenzstädte sind eine bildliche Bezeichnung des ganzen Gebietes der Kirche, in dem die Naturhoheiten erniedrigt werden.

¹⁰ᵇ Und es ist erhaben und bewohnt statt dessen (Jerusalems) vom Thore Benjamins bis zum Platze des ersten Thores, dem Thore der Ecken, und der Thurm Hananeels bis zu den Keltern des Königs.

B. 10 b. enthält eine bildliche Bezeichnung des wahren Jerusalems als Mittelpunktes der Kirche. Die Ecken sind die von den Aposteln im Beginne gelegten Anfänge, der Mittelpunkt ist ein fester Thurm der Gnade Gottes und reicht bis zur Kelter des Zornes Gottes über das Edom des Antichrist.

¹¹ Und man wohnt darin, und ein Bann wird nicht mehr sein, und Jerusalem wohnt in Sicherheit. ¹² Und dies wird der Schlag sein, womit Jehova alle Völker schlägt, welche wider Jerusalem kriegten. Faulen soll, indem er auf seinen Füßen steht, sein Fleisch, und seine Augen faulen in ihren Höhlen und die Zungen in ihrem Munde.

Die Macht der Heiden schwindet, aber in der Kirche entsteht der letzte Sturm durch den Antichrist.

¹³ Und es geschieht, daß an diesem Tage eine große Bewegung Jehovas unter ihnen entsteht, und sie fassen, der eine die Hand des andern, und es erhebt sich seine Hand wider die Hand des andern. ¹⁴ Und auch Juda wird kämpfen gegen Jerusalem. Und zusammen-gerafft wird das Vermögen aller Völker ringsum, Gold und Silber und Kleider in großer Menge. ¹⁵ Und so wird sein die Plage des Rosses, des Maulthieres, des Kameles und des Esels und alles

Viehes, das in diesen Lagern sein wird, wie diese Plage (daß sie weggerafft werden).

Der Antichrist scheint es auf eine Anhäufung und Plünderung der Schätze dieser Welt abgesehen zu haben, um die Menschen durch ihre Anhänglichkeit an diese in seine Gewalt zu bekommen. In welcher Weise dieser antichristliche Sturm überwunden wird, wird hier nicht angegeben; im Folgenden schildert der Prophet die Zeiten nach dem Sturze des Antichrist. Die Kirche wohnt dann wie Israel nach dem Auszuge aus Aegypten in Laubhütten. Der Theil der Menschen, der dann noch nicht in die Kirche eingegangen ist, bleibt in dem Aegypten der Welt bei den Fleischtöpfen zurück. Aber die Wüste verwandelt sich in ein Paradies, und Aegypten wird zur Wüste, in der es während der vierzig Jahre des Wüstenzuges nach der dunkeln Andeutung Ezechiels über ;die vierzigjährige Veröbung Aegyptens nicht regnet. Bei diesen Angaben ist Bild und Bedeutung wohl zu unterscheiden.

¹⁶ Und es geschieht, aller Ueberrest von allen Völkern, die wider Jerusalem zogen, ziehen auch Jahr für Jahr hinauf, um den König Jehova der Heerscharen anzubeten und das Laubhüttenfest zu feiern. ¹⁷ Und es geschieht, wer nicht hinaufzieht von den Geschlechtern der Erde nach Jerusalem, um den König Jehova der Heerscharen anzubeten, über die wird auch kein Regen sein. ¹⁸ Und wenn das Geschlecht Aegyptens nicht hinaufzieht und nicht kommt, auch nicht über sie. Es wird die Plage sein, womit Gott die Völker schlägt, welche nicht hinaufziehen, um das Laubhüttenfest zu feiern. ¹⁹ Dies wird die Schuld Aegyptens sein, und die Schuld aller Völker, welche nicht hinaufziehen, das Laubhüttenfest zu feiern.

²⁰ An diesem Tage steht auf den Schellen der Pferde: Heilig für Jehova. Und die Töpfe im Hause Jehovas sind wie die Opferschalen vor dem Altare. ²¹ Und jeder Topf in Jerusalem und Juda wird heilig sein für Jehova der Heerscharen; und es kommen alle Opfernden und nehmen von ihnen und kochen in ihnen. Und es wird kein Kanaaniter mehr sein im Hause Jehovas der Heerscharen an diesem Tage.

4. Malachias.

Malachias lebte, wie sich aus dem Inhalte seines Buches ergibt, zur Zeit des Nehemias. Die jüdische Ueberlieferung zählt ihn zu den Män= nern der großen Synagoge, und es ist sehr wahrscheinlich, daß die Samm= lung und Zusammenstellung der prophetischen Bücher des a. T. durch ihn zum Abschlusse gelangte. Seine Weissagung ist in der ganzen Glie= derung der alttestamentlichen Weissagung der höchste Schlußpunkt. Aus dem Zusammenfallen der Abfassung des Buches mit der Einreihung in die von der großen Synagoge veranstaltete Sammlung erklärt sich, daß bei diesem Buche abweichend von den drei vorhergehenden dieser letzten Gruppe die Angabe über die Zeit der Abfassung fehlt. Die wundervolle Symmetrie der Gliederung des Buches ergibt einen sehr tiefsinnigen Inhalt. Der erste Theil, K. 1. enthält die aus freier Gnade Gottes hervorgegangene Erwählung des Sohnes, der ein reines Opfer darbringen soll. Der zweite Theil, K. 2, 1—16. handelt von Aufrechthaltung des Bundes zwischen Gott und dem Volke durch das Priesterthum, welches die Ehre Gottes durch Aufrechthaltung seines Gesetzes suchen soll, und durch den Ehestand, der in Reinheit und Heiligkeit Früchte als Opfer für das Reich Gottes bringen soll. Der dritte Theil, K. 2, 17—3, 12. handelt von der ersten Ankunft des Messias, die in näherer Beziehung zu dem im ersten Theile vorkommenden Berufe und Opfer steht; und der vierte Theil, K. 3, 13—4, 6. weissagt von der zweiten Ankunft Christi zum allgemeinen Weltgerichte und steht in näherer Beziehung zu der im zweiten Theile anbefohlenen Heiligkeit des Volkes.

A. Das Opfer des Sohnes.
K. 1.

¹ Last des Wortes Jehovas an Israel durch die Hand des Ma= lachias. ² Ich habe euch geliebt, sprach Jehova; und ihr sprechet: Worin hast du uns geliebt? Ist nicht Esau Jakobs Bruder? spricht Jehova. Und ich liebte Jakob, ³ und haßte Esau, und machte seine Berge zur Einöde und sein Erbtheil zur Wüste der Schakale. ⁴ Wenn du, Edom! sprichst: Wir sind verwüstet, aber wir wollen die Trümmer wieder aufbauen; so sprach Jehova der Heerscharen also: Sie bauen, aber ich zerstöre; und man nennt sie Gebiet des

Frevels und das Volk, dem Gott auf ewig zürnt. ⁵ Und eure Augen sollen sehen, und ihr werdet sagen: Groß ist Jehova über dem Gebiete Israels. ⁶ Ein Sohn wird seinen Vater ehren und ein Knecht seinen Herrn. Und wenn ich Vater bin, wo ist meine Ehre? und wenn ich Herr bin, wo ist meine Furcht? sprach Jehova der Heerschaaren zu euch, ihr Priester, die ihr meinen Namen verachtet. Und ihr sprechet: Woburch haben wir deinen Namen verachtet? ⁷ die ihr unreines Brot auf meinem Altare darbringet; und ihr sprechet: Womit haben wir dich verunehrt? indem ihr sprechet: Der Tisch Jehovas ist Verachtetes. ⁸ Und wenn ihr Blindes zum Opfern darbringt — nichts Arges! und wenn ihr Lahmes und Krankes darbringet — nichts Arges! — Bringe es doch deinem Statthalter! Wird er dir gnädig sein, oder wird er deine Person ansehen? sprach Jehova der Heerscharen. ⁹ Und nun flehet doch das Antlitz Jehovas an, und er soll sich unser erbarmen! Von eurer Hand kam dieses, wird er euretwegen eine Person ansehen? sprach Jehova der Heerscharen. ¹⁰ Wer es auch unter euch wäre, und er schlösse die Thore, und ihr zündet nicht vergeblich meinen Altar an. Ich habe kein Wohlgefallen an euch, sprach Jehova der Heerscharen, und ein Speisopfer nehme ich nicht an aus eurer Hand. ¹¹ Denn vom Aufgange der Sonne bis zu ihrem Untergange ist mein Name groß unter den Nationen, und an jedem Orte wird Rauchwerk geräuchert meinem Namen und reines Speisopfer, denn mein Name ist groß unter den Nationen, sprach Jehova der Heerscharen. ¹² Ihr aber entweihet ihn, indem ihr sprechet: Der Tisch Jehovas ist verunehrt, er und sein Ertrag, verachtet ist seine Speise. ¹³ Und ihr sprechet: Siehe die Mühe! und ihr verachtet ihn, sprach Jehova der Heerscharen; und ihr bringet dar Geraubtes und das Lahme und das Kranke, und bringet das Speisopfer dar. Soll ich es annehmen von eurer Hand? sprach Jehova. ¹⁴ Und verflucht ist, wer betrügt, obwohl in seiner Herde ein Männliches ist, und der welcher ein Gelübde thut und dem Herrn Verdorbenes opfert, denn ein großer König bin ich, sprach Jehovah der Heerscharen, und mein Name ist gefürchtet unter den Nationen.

B. Aufrechthaltung des Bundes.

K. 2, 1—16.

Die beiden Säulen der religiösen und sittlichen Ordnung des Volkes sind das Priesterthum und die Ehe. Nach Mal. 2, 4. soll der Bund mit Levi bleiben, obwohl er nicht undeutlich zu verstehen gibt, daß die jüdischen Priester nicht bleiben würden, so daß das in 1, 11. erwähnte Speisopfer unter den Völkern von einem andern Priesterthume dargebracht werden muß. Wo dieses Speisopfer und das Rauchopfer der kanonischen Tageszeiten vernachläßigt wird, tritt Abfall des Priesterthums von den von Gott gegebenen Grundgesetzen der Bundesgemeinde ein, und aus diesem Abfalle entsteht eine Entartung des Volkes, die im günstigsten Fall von der Staatsgewalt etwas hingehalten werden kann. Die zweite Säule der religiösen und sittlichen Ordnung des Volkes ist die Ehe, und das Volk, welches die Ehe nicht mehr heilig hält, ist reif für den Untergang.

¹ Und nun ist an euch dieses Gebot, o Priester! Wenn ihr nicht höret und nicht zu Herzen nehmet, meinem Namen Ehre zu geben, sprach Jehova der Heerscharen, so sende ich unter euch den Fluch und verfluche eure Segnungen, und ich habe sie schon verflucht, da ihr nicht zu Herzen nehmet. ³ Siehe, ich schelte euch die Saat und schleudere Unrath auf euer Antlitz, den Unrath eurer Feste, und er nimmt euch zu sich. ⁴ Und ihr sollet erfahren, daß ich dieses Gebot an euch gesandt habe, damit mein Bund mit Levi bestehe, sprach Jehova der Heerscharen. ⁵ Mein Bund war mit ihm das Leben und der Friede, und ich gab sie ihm als Furcht, und er fürchtete mich, und vor meinem Namen erbebte er. ⁶ Gesetz der Wahrheit war in seinem Munde, und Frevel fand sich nicht an seinen Lippen; in Frieden und in Geradheit wandelte er mit mir, und viele brachte er von Sünde zurück. ⁷ Denn die Lippen des Priesters sollen Erkenntniß bewahren und Gesetz soll man von seinem Munde suchen, denn er ist ein Bote Jehovas der Heerscharen. ⁸ Ihr aber seid abgewichen von dem Wege und habt viele zum Straucheln im Gesetze gebracht. Ihr habet den Bund Levis vernichtet, sprach Jehova der Heerscharen. ⁹ Aber auch ich habe euch verachtet und niedrig dem ganzen Volke gemacht, weil ihr meine Wege nicht bewahret und Personen ansehet beim Gesetze. ¹⁰ Ist nicht Ein Vater uns Allen? hat nicht Ein Gott uns erschaffen? Warum hintergeht der eine den andern, um den

Bund unserer Väter zu entweihen? ¹¹Juda handelt treulos, und Gräuel ist in Israel und in Jerusalem geschehen, denn Juda hat das Heiligthum Jehovas entweiht, daß es eine Tochter eines fremden Gottes liebte und freite. ¹²Jehova rottet aus dem Manne, der solches thut, den Wärter und Schreier aus den Zelten Jakobs und den, der Speisopfer darbringt für Jehova der Heerscharen. ¹³Und dieses zweite thut ihr, daß ihr mit Thränen den Altar Jehovas bedecket, mit Weinen und mit Seufzen, so daß er sich nicht mehr zum Speisopfer wendet, noch Wohlgefälliges aus eurer Hand annimmt. ¹⁴Und ihr sprechet: Weßhalb? Deßhalb, weil Jehova Zeuge war zwischen dir und dem Weibe deiner Jugend, an der du treulos gehandelt hast, obwohl sie deine Genossin und das Weib deines Bundes ist. ¹⁵Aber nicht Einer that es, der noch einen Rest von Geist hat, und das, was das Einzige ist, Samen Gottes sucht. ¹⁶Und nehmet euch in Acht mit eurem Gemüthe, und am Weibe deiner Jugend handle nicht treulos. ¹⁶Wenn man gehaßt hat, ist Entlassung, sprach Jehovah der Gott Israels, aber man bedeckt mit Unrecht sein Kleid, hat Jehova der Heerscharen gesprochen. Doch nehmet euch in Acht mit eurem Gemüthe und handelt nicht treulos.

C. Die erste Ankunft des Messias.
K. 2, 17—3, 12.

¹⁷Ihr habet Jehova ermüdet mit euren Reden, und ihr sprechet: Womit haben wir ermüdet? Damit, daß ihr saget: Jeder, der Böses thut, ist gut in den Augen Gottes, und an ihnen hat er Gefallen; oder wo ist der Gott des Gerichtes? ³,¹Siehe, ich sende meinen Boten, und er ebnet den Weg vor mir, und plötzlich kommt zu seinem Tempel der Herr, den ihr suchet, und der Engel des Bundes, nach dem ihr verlanget. Siehe, er kommt, sprach Jehova der Heerscharen. ²Und wer erträgt den Tag seines Kommens? und wer besteht bei seinem Erscheinen? Denn er ist wie Feuer des Schmelzers, und wie Lauge der Walker. ³Und Silber schmelzend und läuternd sitzt er, und er läutert die Söhne Levis, und er reinigt sie wie Gold und wie Silber, und sie werden für Jehova Darbringer von Speisopfer in Gerechtigkeit. ⁴Und das Speisopfer Judas und Jerusalems gefällt Jehova wie in den Tagen der Urzeit und in den Jahren der Vorzeit. ⁵Und ich nahe mich euch zum

Gerichte und werde ein schneller Zeuge sein gegen die Zauberer und die Ehebrecher und gegen die, welche falsch schwören und den Lohn des Taglöhners, Wittwe und Waise drücken, den Fremdling bedrängen und mich nicht fürchten, sprach Jehova der Heerscharen. ⁶Denn ich Jehova habe mich nicht geändert, aber ihr, Söhne Jakobs! vollendetet nicht. ⁷Von den Tagen eurer Väter wichet ihr ab von meinen Satzungen und hieltet (sie) nicht. Kehret um zu mir, und ich will zu euch umkehren, sprach Jehova der Heerscharen. Und ihr sprechet: Worin sollen wir umkehren? ⁸Wird ein Mensch Gott betrügen? denn ihr betrüget mich. Und ihr sprechet: Worin haben wir dich betrogen? Beim Zehnten und bei der Hebe. ⁹Mit dem Fluche seid ihr verflucht, und mich betrüget ihr, du ganzes Volk! ¹⁰Bringet den ganzen Zehnten in das Vorrathshaus, und es sei Speise in meinem Hause, und prüfet mich doch dadurch, sprach Jehova der Heerscharen, ob ich euch nicht die Schleusen des Himmels öffne und euch ausgieße Segen bis zum Uebermaße. ¹¹Und ich schelte euch den Fresser (Heuschrecke), und er soll euch die Frucht des Feldes nicht verderben, und der Weinstock auf dem Felde soll euch nicht fehltragen, sprach Jehova der Heerscharen. ¹²Und es preisen euch glücklich alle Völker, denen ihr werdet ein Land des Wohlgefallens, sprach Jehova der Heerscharen.

Bei der ersten Ankunft hat der Messias das alte Juda geläutert, und einen kleinen Theil ausgeschieden, dessen Opfer er wohlgefällig annahm. Dieses Opfer war er selbst. Er will aber auch noch vor der zweiten Ankunft als Richter auftreten gegen die, welche die Gebote nicht halten. Als Oberherr des Landes hatte Gott den Zehnten zum Unterhalte seines Stellvertreters, des levitischen Priesterthums, angewiesen; das Messianische Priesterthum ist auf die Opfergaben der Christen verwiesen. Wie das alte Juda Gott beim Zehnten betrog, so haben sogenannte Christen das aus den Opfergaben erwachsene Vermögen und Eigenthum der Kirche an sich gerissen. Für diesen Raub lastet ein Fluch auf den Ländern, der das Vermögen der Völker verzehrt. Wenn dieser gesühnt ist, kommen wieder bessere Zeiten, wo es keine sociale Frage gibt.

D. Die zweite Ankunft des Messias.
K. 3, 13—4, 6.

Der Mensch mit seinem kurzen Leben findet sich häufig in eine Ent=
wicklung gestellt, deren Verlauf und Ausgang er nicht nach den tiefen
Ideen der Offenbarung beurtheilt, sondern nach dem täuschenden Schein
eines bald vorübergehenden Zwischenfalles. Eine solche Zeit wird die des
Antichrist sein. Alle vermeintlichen Stützen des Machtbestandes der
Christenheit brechen dann zusammen. Die lauen, trägen im Wohlergehen
erschlafften Christen fallen vom Glauben ab, wie im Herbste die welken
Blätter vom Baume. Die Gläubigen werden verspottet und verhöhnt.
Der Sieg gilt als Beweis des Rechtes, und den Raub legalisirt man
durch Gesetzgebung. Wer mit diesem Strome schwimmt, glaubt vielleicht
anfangs, den lieben Gott pensioniren zu können, verfällt aber der Ty=
rannei des Antichrist, so daß er diesen anbeten muß. Die dann zurück=
gedrängten Christen werden aufgesucht und in der furchtbarsten Weise ge=
quält und gemartert.

¹³ Eure Reden über mich sind hart geworden, sprach Jehova; und
ihr sprechet: Was haben wir wider dich besprochen? ¹⁴ Ihr sprachet:
Eitel ist es Gott zu dienen; und was für Gewinn ist es, daß wir
seine Hut hüteten und in Trauer einhergingen vor Jehova der Heer=
schaaren? ¹⁵ Und jetzt preisen wir glücklich die Frechen. Die Thäter
des Frevels wurden nicht nur aufgebaut, sondern sie versuchten auch
Gott und wurden gerettet. — ¹⁶ Da beredeten sich die, welche Je=
hova fürchten, der eine mit dem andern. Und Jehova merkte auf
und beobachtete und schrieb ein Gedenkbuch vor seinem Antlitze für
die, welche Jehova fürchten und seines Namens gedenken. ¹⁷ Und sie
werden mir, sprach Jehova der Heerschaaren, für den Tag, den ich
schaffe, zum Eigenthum sein, und ich werde ihrer schonen, wie ein
Mann seines Sohnes schont, der ihm dient. ¹⁸ Und ihr werdet
wieder sehen den Unterschied des Guten und des Bösen, den Unter=
schied zwischen dem, der Gott dient, und dem, der ihm nicht dient.
⁴'¹ Denn siehe, es kommt ein Tag, der wie ein Ofen brennt, und es
werden alle Frechen und alle Uebelthäter zu Stoppel, und es ver=
brennt sie der kommende Tag, sprach Jehova der Heerschaaren, der
ihnen nicht Wurzel noch Zweig läßt. ² Und es geht für euch, die
ihr meinen Namen fürchtet, die Sonne der Gerechtigkeit auf und

Heilung in ihren Flügeln, und ihr gehet hervor und hüpfet gleich Kälbern der Mast. ³ Und ihr zertretet die Bösen, denn sie sind Asche unter euren Fußsohlen an dem Tage, da ich handle, sprach Jehova der Heerscharen. ⁴ Gedenket des Gesetzes Mohses, meines Knechtes, das ich ihm auf Horeb gebot, Satzungen und Rechte für ganz Israel. ⁵ Siehe, ich sende euch Elias, den Propheten, bevor der Tag Jehovas kommt, der große und furchtbare. ⁶ Und er wendet das Herz der Väter zu den Söhnen und das Herz der Söhne zu den Vätern, damit ich nicht komme und die Erde mit dem Banne schlage.

Wie im vorigen Theile mit der ersten Ankunft die Andeutung über ein großes Strafgericht gegen die Berauber und Plünderer der Kirche, das mit der Niederlage Magogs wohl zum Abschlusse kommt, in Verbindung gesetzt ist, so geht im vierten Theile die Sendung des Elias, die in der Zeit des Antichrist erfolgt, der letzten Ankunft des Messias vorher. Daß diese letzte Ankunft in der Zeit des Antichrist erfolgt, sagt Malachias nicht. Für die Zeit zwischen diesen beiden Zeitpunkten gibt es nur symbolische Bezeichnungen.

Anhang.

Chronologische Bemerkungen über die Zeit vor dem Tempelbau.

Aus der Vergleichung der hebräischen Zeitrechnung des Buches der Könige mit der assyrischen und ägyptischen Zeitrechnung ergibt sich mit vollständiger Sicherheit das Jahr 969 als das Jahr des Anfangs des salomonischen Tempelbaues. Die Zeit vom Tempelbau bis zum Auszuge aus Aegypten wird 1 Könige 6, 1. nach dem masoretischen Texte zu 480 und nach der LXX zu 440 Jahren angegeben. Die fortlaufende Zeitrechnung des Buches der Richter von Kuschan bis zum Tode Abdons beträgt nach der Berechnungsweise des Buches der Könige, daß das letzte Jahr des Vorhergehenden mit dem ersten des Folgenden zusammenfällt, aber bei beiden gezählt wird, die Summe von 335 Jahren. Nach Richt. 10, 7. fängt mit der Ammoniterherrschaft über Israel gleichzeitig eine Philisterherrschaft an, und nachdem das Buch der Richter die an die Ammoniterherrschaft sich anschließende Geschichte der östlichen Gebiete bis zum Ende der Richterzeit fortgeführt hat, wendet es sich K. 13. zu der Philisterherrschaft und gibt ihre Dauer als eine vierzigjährige an. Da die Geschichte Simsons ausdrücklich in die Tage der Philister gesetzt wird, so fehlt im Buche der Richter der Abschluß der Philisterherrschaft. Dieser wird im ersten Buche Samuels, K. 7. erzählt, und die in diesem Buche vorhergehenden Ereignisse sind somit gleichzeitig mit den Richtern in den nordöstlichen Gebieten, so daß sich eine Geschichte Juda's neben der Geschichte Israels ergibt. Das Ende der Philisterherrschaft und der Anfang des eigentlichen Richteramtes Samuels erfolgt demnach 4 Jahre vor dem Tode Abdons. In demselben Jahre kam die Bundeslade nach Kirjath-Jearim und blieb dort 20 Jahre, und da sie wahrscheinlich im 8. Jahre der Regierung Davids nach Jerusalem geholt wurde, so beträgt die Zeit der Regierung Samuels und Sauls zusammen 12 Jahre. Die Geschichte dieser Zeit hängt also so zusammen, daß nach dem Tode Abdons die Ammoniter von neuem wieder hervortraten, und die Israeliten nun statt der Richter einen König verlangten. Bei der Einsetzung Sauls traten ebenfalls die Philister, die vier oder fünf Jahre vorher durch das Gebet Samuels überwunden waren, wieder hervor. Nach der Rechnungs= weise des Buches der Könige ergeben sich somit für das eigentliche Richteramt Samuels 5 Jahre, für die Regierung Sauls 9 Jahre, obwohl zwischen dem Todesjahre Abdons und dem ersten Jahre Davids nur 7 Jahre sind. Diese 7 Jahre, die 40 Jahre Davids und 3 Jahre Salomons nebst den 40 Jahren des Wüstenzuges zu den obigen 335 der Richterzeit gezählt ergeben 425 Jahre. Durch Hinzurechnung von 15 Jahren für Josua ergibt sich die Zahl 440 des griechischen Textes als die richtige für die Zeit vom Auszuge bis zum Tempelbau; und da das Jahr 969 das letzte dieser 440 ist, so erfolgte der Auszug im Jahre 1408.

Nach der Zeitrechnung des Pentateuchs sind von der Fluth bis zum Auszuge 1012 Jahre. Da es nach der Angabe des Manetho nicht zwei= felhaft ist, daß vor der Einführung der Sothisperiode um das Jahr 1809 in Aegypten nach Mondjahren von 354 Tagen gerechnet wurde, so wür= den von obigen 1012 etwa 612 als Mondjahre anzunehmen sein, deren Umrechnung in Sonnenjahre einen Abzug von 13 Jahren ergäbe. Die übrigen 400 waren wahrscheinlich Jahre mit 12 dreißigtägigen Monaten, deren ausgefallene Epagomenen und Schalttage einen Abzug von 6 Jahren ergeben. Die 1012 Jahre des Pentateuchs würden somit 993 Sonnen= jahre betragen, und da das letzte derselben mit dem Jahre des Auszugs 1408 zusammenfällt, so beträgt die Zeit von der Fluth bis Christus 2400 Jahre, die sich in drei achthundert=jährige Zeitalter theilen. Die Träger der Weltgeschichte des ersten Zeitalters sind die Kuschiten, Sinesen und Turanier und der Schauplatz dieser Geschichte ist der asiatische Osten. Genaueres über diese Geschichte enthält der zweite Theil der Studien über die Echtheit des Pentateuchs.

Dieselbe merkwürdige Gliederung, welche in der Geschichte vor Christus herrscht, findet sich auch in der Geschichte nach Christus, und nach dieser ist 1867 der Anfang des zweiten Zeitraums des dritten christlichen Zeit= alters. Daß ein großer Umschwung bevorsteht, sieht wohl jeder ein; daß dieser aber als magogische Katastrophe von den alttestamentlichen Pro= pheten geweissagt und von der Apokalypse aufgeschlossen ist, kommt unsern Semirationalisten vor der Erfüllung höchst unglaublich vor.

Druckfehler.

Seite 8 Linie 9 lies Hagiographen statt Hagyographen.

„ 77 „ 13 „ 3, 1—13 „ 3, 1—15.

„ 80 „ 16 . „ 2, 1—9 „ 1, 2—9.

„ 59 „ 8 ist ein halber Satz ausgelassen,
statt: 827—824 muß es heißen:

860—857 und das Ende in die Jahre 827—824.

Für den Anfang der prophetischen Bücher ist leider kein neuer Seitenanfang gewählt.

Gedruckt bei Joseph Krick in Münster.